小6K
中1～中3

入塾生受付中!!

早稲アカ生
合格
おめでとう!

早慶高13年連続全国No.1

早慶（一次）高 1

男子私立最難関	女子私立最難関	都立最難関
6年連続全国No.1	5年連続全国No.1	合格者数No.1
開成高	慶女高	都立日比谷高
70名合格	84名合格	75名合格
定員100名	定員	定員317名

全国No.1 慶應志木（一次）255名	全国No.1 早実208名	全国No.1 立教新座350名	全国No.1 中大附属81名
全国No.1 慶應義塾（一次）238名	全国No.1 早大学院241名	全国No.1 豊島岡女子84名	全国No.1 中大杉並172名
全国No.1 慶應湘南藤沢33名	全国No.1 早大本庄（一次）340名	全国No.1 青山学院94名	全国No.1 中央大学55名

普通の学力の子供たちの成績を伸ばし憧れ
早稲田アカデミーには子供たちの「夢」を

「早稲田アカデミーで勉強を始めたころは学校の定期テストも平均点程度」「始めたときの偏差値は50がやっと」そんな生徒たちの多くが今年も早稲田・慶應の附属校をはじめとする難関校や都県立トップ校に多数合格してくれました。

2013年の早慶附属高校の合格者は1399名で13年連続全国No.1となりました。男子私立最難関の開成高校の合格者は70名で6年連続全国No.1を達成、女子私立最難関の慶應女子高校の合格者は84名で5年連続全国No.1を達成しました。また渋幕や豊島岡女子・巣鴨・城北・立教新座・中大杉並・中大附属・青山学院・ICU・明大明治・成蹊など数多くの人気大学附属校や難関進学校でも全国No.1の実績を出しています。さらに都立最難関の日比谷高校において合格者数No.1（75名）など、難関都県立高校へもトップレベルの合格者を送り出しています。

中学入試においても素晴らしい結果になりました。最難関である御三家中に333名合格、さらに人気校の早実中No.1、早大学院中No.1など多くの難関中学において前年を上回る結果を残すことができました。

普通の学力の子供たちの成績を飛躍的に伸ばして合格させたことに価値がある！

早稲田アカデミーが早慶附属高校No.1を目指した当時の早慶附属高校の合格者数はわずか38名、そこから11年で全国No.1を達成し今年も1399名という圧倒的な実績を記録しています。また開成高校全国No.1を宣言した年の開成高校合格者はわずか5名、そこからわずか7年で合格者は10倍以上に増加し、6年連続で合格者数全国No.1を達成しました。この実績ははじめから勉強ができる人たちによってのみ成し遂げられたものではありません。早慶附属高校、開成高校を目指す人がほぼいない状況からのスタートでしたから、「普通の生徒」の成績を飛躍的に伸ばして合格者数を増やしていくしか方法はありませんでした。中学受験や高校受験で本当に普通の学力の子供たちでも難関校に合格できるということを結果で証明したい、一部のできる生徒だけを伸ばすより、普通の学力の生徒を伸ば

時代は 一流中学 高校受験 早稲田アカデミー

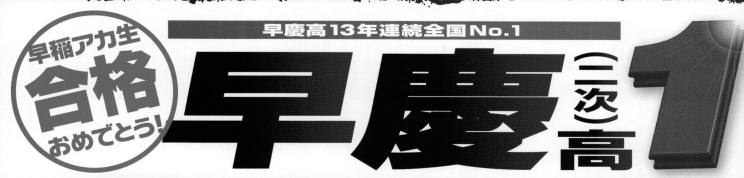

information
ーインフォメーションー

早稲田アカデミー
各イベントのご紹介です。
お気軽にお問い合わせください。

中2・3 対象

日曜特訓講座

お申し込み受付中
お近くの早稲田アカデミー各校舎までお気軽にどうぞ

一回合計５時間の「弱点単元集中特訓」！

難問として入試で問われることの多い“単元”は、なかなか得点できないものですが、その一方で解法やコツを会得してしまえば大きな武器になります。早稲田アカデミーの日曜特訓は、お子様の「本気」に応える、テーマ別集中特訓講座。選りすぐりの講師陣が、日曜日の合計５時間に及ぶ授業で「分かった！」という感動と自信を、そして揺るぎない得点力をお子様にお渡しいたします。

早稲田アカデミー
イメージキャラクター
伊藤 萌々香
(Fairies)

中２必勝ジュニア

中２対象

日程 4/21、5/19、7/7

「まだ中２だから……」なんて、本当にそれでいいのでしょうか。もし、君が高校入試で早慶など難関校に『絶対に合格したい！』と思っているならば、「本気の学習」に早く取り組んでいかなくてはいけません。大きな目標である『合格』を果たすには、言うまでもなく全国トップレベルの実力が必要となります。そして、その実力は、自らがそのレベルに挑戦し、自らが努力しながらつかみ取っていくべきものなのです。合格に必要なレベルを知り、トップレベルの問題に対応できるだけの柔軟な思考力を養うことが何よりも重要です。さあ、中２の今だからこそトライしていこう！

中３日曜特訓

中３対象

日程 5/12、6/9、7/7

受験学年となった今、求められるのは「どんな問題であっても、確実に得点できる実力」です。ところが、これまでに学習してきた範囲について 100%大丈夫だと自信を持って答えられる人は、ほとんどいないのではないでしょうか。つまり、みなさんの誰もが弱点科目、単元を抱えて不安を感じているはずなのです。しかし、中３になると新しい単元の学習で精一杯になってしまって、なかなか弱点分野の克服にまで手が回らないことが多く、それをズルズルと引きずってしまうことによって、入試で失敗してしまうことが多いものです。しかし、真剣に入試を考え、本気で合格したいと思っているみなさんに、それは絶対に許されないこと！ならば、自分自身の現在の学力をしっかりと見極め、弱点科目・単元を早期に克服していかなければなりません。この「日曜特訓」で徹底学習して自信をつけましょう。

本部教務部 03（5954）1731 までお願いいたします。

一流中学
高校受験

早稲田アカデミー

開成・国立附属・早慶附属高対策　日曜特別コース

中3　必勝Vコース

新入生受付中

難関校合格のための第一段階を突破せよ！

お申し込み受付中！

難関校入試に出題される最高レベルの問題に対応していくためには、まずその土台作りが必要です。重要単元を毎回取り上げ、基本的確認事項の徹底チェックからその錬成に至るまで丹念に指導を行い、柔軟な思考力を養うことを目的とします。開成・早慶に多数の合格者を送り出す９月開講「必勝コース」のエキスパート講師達が最高の授業を展開していきます。

早稲田アカデミーの必勝Vコースはここが違う！

講師のレベルが違う

必勝Ｖコースを担当する講師は、２学期に開講する必勝コースのエキスパート講師です。早稲田アカデミーの最上位クラスを長年指導している講師の中から、さらに選ばれたエリート集団が授業を担当します。教え方、やる気の出させ方、科目に関する専門知識、どれを取っても負けません。講師の早稲田アカデミーと言われる所以です。

テキストのレベルが違う

私立・国立附属の最上位校は、教科書や市販の問題集レベルでは太刀打ちできません。早稲田アカデミーでは過去十数年の入試問題を徹底分析し、難関校入試突破のためのオリジナルテキストを開発しました。今年の入試問題を詳しく分析し、必要な部分にはメンテナンスをかけて、いっそう充実したテキストになっています。毎年このテキストの中から、そっくりの問題が出題されています。

クラスのレベルが違う

必勝Ｖコースの生徒は全員が難関校を狙うハイレベルな層。同じ目標を持った仲間と切磋琢磨することによって成績は飛躍的に伸びます。最上位生が集う早稲田アカデミーだから可能なクラスレベルです。早稲田アカデミーの必勝Ｖコースが首都圏最強といわれるのは、この生徒のレベルのためです。

必勝Vコース　実施要項

英数理社　必勝4科コース　　国英数　必勝3科コース

日程

5/12・26,　6/9・16
7/7・14

毎月２回／日曜日　４～７月開講

費用

入塾金：10,500円（塾生は不要です）
授業料：４科　15,000円／月
　　　　３科　14,000円／月
※選抜試験成績優秀者には特待生制度があります。

※ 料金はすべて税込みです。

授業時間

必勝4科（開成・国立附属）コース
9：30 ～ 18：45（8時間授業）昼休憩有り
※会場等詳細はお問い合わせください。

必勝3科（早慶附属）コース
10：00 ～ 18：45（7時間30分授業）昼休憩有り
※会場等詳細はお問い合わせください。

お問い合わせ、お申し込みは早稲田アカデミー各校舎または

Report!

早稲田アカデミー主催

2013 高校入試報告会

早稲田アカデミー主催の「地域別高校入試報告会」の様子をお伝えします。

A

B

C

D

E

F

G

H

I

A.神奈川県会場の様子　B.受付に設置された各高校のパンフレットを手に取る参加者の様子　C.教務部部長・入吉弘幸先生による講演の様子　D.各私立高校の入試状況について話す高校入試部門統括責任者・酒井和寿先生　E.都立高校の入試状況について話す城南ブロック統括副責任者・雪が谷大塚校校長・富山友則先生　F.配付資料を見ながら熱心に講演を聴く参加者の様子（東京都東地区会場）　G.埼玉県会場の様子　H.東京都西地区会場の様子　I.千葉県会場の様子

2013年度高校入試において、開成70名、早慶附属1399名と、圧倒的な合格者を輩出した早稲田アカデミー。その早稲田アカデミーが、今年も高校入試報告会を開催しました。

3月中旬から、東京・神奈川・千葉・埼玉の4都県5会場で行われた「地域別高校入試報告会」では、高校入試の最新情報を知るべく、これから受験を迎えるお子さまを持つ保護者の方々が多く集まりました。

今春の入試は、神奈川県公立高校の入試制度変更により、神奈川県では私立高を志望する生徒が全体的に増加しました。入試報告会では、そのようなさまざまな事柄の影響を受けて変化する各校の出願傾向や、入試問題の傾向をふまえた各教科の対策なども聞くことができました。

受験のプロである早稲田アカデミーによる講演は、参加された保護者のみなさまにとって、貴重な情報を得る機会となったことでしょう。

早稲田アカデミーでは、このほかにも、難関都立高の入試状況を伝える入試報告会や、国立附属・開成などの難関高校に内容を絞った入試報告会なども開催しています。そちらの模様は、来月号でお伝えします。

3.14	神奈川県（横浜国際ホテル）
3.15	東京都東地区（日本教育会館）
3.21	埼玉県（さいたま市文化センター）
3.22	千葉県（クロス・ウェーブ船橋）
3.25	東京都西地区（小金井市民交流センター）

早稲田大学本庄高等学院進学 長澤 茜さん

筑波大学附属駒場高等学校進学 今井 凌輔さん

慶應義塾女子高等学校 山田 萌絵さん

神奈川県立湘南高等学校進学 大橋 菜々子さん

東京都立日比谷高等学校進学 満井 美帆さん

難関校に合格した先輩たちの金言

これから受験を控えるみなさんにとっては
勉強面は生活面で不安なことも多いはず。
今回は、受験勉強を頑張りこの春志望校に合格した
先輩たちの体験談を聞いてきました。
同じ志望校の人はもちろん、すべての受験生にとって
役に立つお話しばかりです。

筑波大学附属駒場
高等学校 進学

今《いま》井《い》 凌輔《りょうすけ》さん

苦手な英語を克服し
憧れの筑駒に合格

合格校　開成　渋谷教育学園幕張　西武学園文理
筑波大学附属駒場　早大高等学院

苦手科目の英語は基礎からやり直した

筑波大学附属駒場（以下、筑駒）の文化祭を見学して、先輩方の活発な姿に憧れていました。

第1志望校として本格的に筑駒を意識し始めたのは、ようやく学力に自信もつき、志望校として筑駒が見えてきた中3の11月ごろです。それまでも第1志望は一応筑駒でしたが、学力的に行けるかどうかわからなかったので、ただの目標というか、夢みたいな形で憧れていました。

得意科目は国語で、苦手科目は英語です。

苦手だったので、受験で一番つらかったのも英語の勉強です。ぼくは中1・中2での勉強が足りなかったので、2年ぶんの英単語を覚え直さなければならなかったり、長文を読むためのスピードをつけるような勉強をしたりといったことに取り組みました。

入塾したころの英語の偏差値は30台でしたが、こうした勉強や塾の自習室で先生につきっきりで教えてもらったこと、また、夏休みに文法をしっかりと勉強した結果もあって、最終的に偏差値は63まで上げることができました。

テストでの失敗をばねに

部活動はバスケットボール部に所属していて、キャプテンでした。部活をしていると、どうしても土日に試合が入って塾に出られないこともあり、授業についていくのが大変でした。

6月の前半で部活を引退しました。なかなか気持ちを切り替えられず、その後の夏休みは少しだらけてしまい、9月にあった塾のテストで失敗してしまいました。

しかし、そこで厳しい現実に直面したことで、さらにジャンプアップをめざして頑張ることができたので、自分にとっては重要な経験だったと思っています。

中3での勉強時間は、部活動をやっていた前半期はなかなか時間が取れなかったのですが、夏休みがあけてからは最低でも1日4時間はとるようにしていました。

休みの日は必勝クラスの授業があったので、塾から帰って復習をして、学んだことをどんどん身につけていきました。

勉強は塾の自習室でする方が集中できたので、毎日塾の自習室を利用していました。

とくに火曜日はちょうど授業がない日で、ずっと塾にこもって勉強していましたね。

受験勉強はうまくいかなかったことの方が多かったと思います。そんなときは、好きな音楽を聴いて憂うつな気持ちを晴らすようにするなど、前向きになれるように心がけていました。また、塾の先生や友人にどうすればいいのか相談したりもしました。

友人たちは、自分が苦しいときには支えてくれたし、嬉しいときには喜びを共有してくれて、モチベーションをあげてくれる大切な存在でした。

先にあった試験ですでに開成に合格していたので、筑駒の試験はリラックスして受けることができました。合格したときは、まず身体に震えがきました。緊張がほどけて腰がぬけたような感じです。とても嬉しかったですね。

筑駒に進学したら、自分をさらに高めると同時に周りもよくしていきたいので、生徒会活動をやってみたいと考えています。

受験勉強は大変ですが、一度くらい失敗したからといってくじけないで、塾の先生や周りの方々を信じて頑張ってください。

学校説明会で影響を受け志望校を変更

ずっと都立の戸山高校に行きたかったのですが、周りの人がいい学校だとすすめてくれた早大本庄の説明会に行ったことで、志望校を変えました。10月ごろの説明会に行き、話を聞いていて、ここで勉強したいと思うようになりました。大学受験をせずに進学できるし、母親もすすめてくれたので、早大本庄に決めました。

　私は硬式テニス部に所属していて、最後まで続けていました。部活は毎日あり、終わるのが6時で、塾が7時からだったので予習の時間はいっさいなかったです。塾から帰ってからも勉強はするのですが、部活の朝練があって早く起きなければいけないことも多く、とても大変でした。

わからないところは必ず聞いて解決する

　得意な科目は国語で、苦手な科目は数学です。以前はわからないところがあっても、なかなか人に聞けなかったのですが、ちゃんと聞かないとあとで後悔すると思ったので、わからないところは塾の先生や友だちにも聞くようになりました。

　最初は都立志望だったので、理科社会も勉強しており、両方とも国語より得意だったので、そこでリフレッシュできていました。ただ、数学が嫌いで、数学の勉強をあまりしないで、好きな国語の勉強ばかりしていたために数学に不安が残ってしまったので、苦手分野をもっと徹底的にやっておけばよかったです。

　ただ9月くらいから、なぜだかわからないのですが、国語の偏差値が下がってきて、逆に数学があがってきました。国語が武器になると思っていたので少し不安だったのですが、数学があがってきていたので、それなら数学が得点源になると思い、あまり気にせずやり続けました。

　勉強が嫌になったときは、無理に勉強しようと思うのではなく、自分が好きなことに打ちこんだり、リラックスできる方法を選んでいました。私は野球が好きなので、テレビで野球を見たり、夏までは東京ドームに観戦に行っていました。

　直前期になっても、とくに勉強のスタイルは変えていません。これまでやってきたことを信じられれば、大丈夫だろうと思っていました。

最初の受験が第1志望校

　一番最初の受験が早大本庄でした。その日より前に入試のある学校も受けようとは思ったのですが、行かないところを受験しても意味がないと言われていたので、1発目が第1志望校になりました。

　受験の当日は、いつも使っている目薬を持っていきました。すごく効くし、勉強がつらくても、眠くても、ずっと使ってきたものだったので、お守りとして持っていきました。

　緊張はしましたが、入試演習をしているときよりは手応えがありました。でも周りの人にそれを言って、落ちていたらコワいので、だれにも言わなかったです。

　やっぱり先生や友だちの支えがあったから合格できたのだと思います。

　受験勉強はプレッシャーを感じることもありますが、平常心が一番大事です。自分に自信を持っていつもの通り臨めば大丈夫だと思います。頑張ってください。

早稲田大学本庄
高等学院 進学

長澤《ながさわ》 茜《あかね》さん

自信を持って いつも通りで大丈夫

合格校　中央大学杉並　早稲田大学本庄

慶應義塾女子
高等学校 進学

山《や》田《まだ》 萌《も》絵《え》さん

受験勉強を通して嫌なことにも向きあえました

合格校　市川　昭和学院秀英　慶應義塾女子　早稲田大学本庄

塾の勉強が学校の授業の先取りに

中1のころは、学校の勉強の方に重きを置いていて、土日にまとめて塾の宿題をしていました。中2くらいから学校の勉強も増えてきていたので大変でしたね。中3になると塾の宿題がたくさんあったので、ほとんどが塾の勉強になりました。

学校の授業は定期テスト前はすごく大変でしたが、塾で先取りができていたので、理解は楽でした。塾でやったことの復習になるという感じです。

私は家では自分の部屋で勉強していました。でもあまり集中できなかったです。だから中3からは塾の自習室で勉強するようにしました。すごく静かだし、みんなも勉強しているので、自分も頑張らないといけないと思えるのがよかったです。

習ったことを確実に点数にするため復習に重点

得意な教科は英語で、苦手は数学です。英語は得意だったし、好きだったので、毎時間楽しかったです。

でも、数学はホントに苦手で、テストでも点数が取れなくてつらかったです。夏ごろは全然できなくて嫌になっていましたが、復習に力を入れてやっていくことで、自分がわからなかったところがだんだんわかるようになっていきました。

先生たちからも「夏休みは頑張らないといけない」と聞いていたので、朝の9時半から塾の自習室に行って勉強し、お昼ご飯を食べに一度家に帰り、その後夜9時くらいまで勉強していました。

中3の11月ごろは、数学や国語で全然点数が取れなくて、やばいなと思っていました。

すごくつらかったときは、塾の先生に相談したりしたのですが、そのときに「勉強するしか不安は埋められない」と言われて、これまでの復習に力を入れるようにしました。塾の授業で習ったことや、テストは必ず復習していたので、それがよかったと思います。

いままでに習ったことがテスト本番でできないのがすごく嫌だったので、直前期はあまり新しいことに手を出さずに、復習と、体調を崩さないように気をつけていました。

数学でのミスもはねのけ嬉しい結果に

中3の夏でもまだ、慶應女子に行けるとは思っていませんでした。9月ごろからなんとなく行きたいなと思うようになり、高校の3年間では自分が好きなことに打ち込みたかったし、塾の先生からもいい高校だと聞いていたので志望校に決めました。

模試での判定は全然ダメだったのですごく不安でしたし、試験の日は緊張しつつも自然体でいられたと思います。

本番で、英語と国語は自分なりに全力を出せたのでよかったんですが、数学は小さな計算ミスを3つくらいしていて、もうダメだなと思って絶望していました。

発表はお母さんと行きました。もちろん嬉しかったのですが、数学で失敗していたので、信じられないという気持ちが大きかったです。お母さんも喜んでくれました。

いままでは嫌なことがあると、やめちゃったり、投げ出しちゃっていたのですが、受験勉強を通して、嫌なことにもしっかり向きあうことができるようになったと思います。

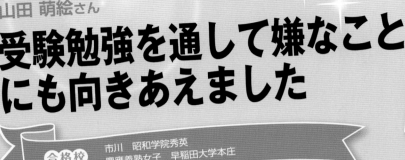

東京都立日比谷
高等学校 進学

満井《みつい》 美帆《みほ》さん

志望校に合格できて
自分に自信がついた

合格校　お茶の水女子大学附属　十文字　豊島岡女子学園
都立日比谷　早稲田実業学校　早稲田大学本庄

苦手やスランプとしっかりと向きあった

都立高校の自由な雰囲気に憧れて、都立に行きたいと思いました。はじめはどの都立高校を志望校にするか、はっきりとは決めていなかったのですが、塾で勉強をするうちにさまざまな刺激を受けた結果、少しずつ目標が定まってきて、日比谷を第1志望にしました。

塾には中1の6月末に入りました。本格的に受験勉強を始めたのは中3の春からです。

得意科目は英語です。塾では英語の宿題が多かったので、やった分だけ力がついたのだと思います。

英語は夏休みに大きなスランプにぶつかりました。長文が読めなくて苦労したんです。スランプ克服のためにとにかく量をこなす勉強を心がけ、冬にはそこそこ読めるようになりました。塾の先生にもよく相談に乗ってもらい、精神的に助けられました。

苦手科目は数学です。最後まで克服はできなかったと思うのですが、夏休みの塾の教材を、簡単な問題から難しい問題もすべて完璧に解けるようになるまで取り組んだことで力がついたと思います。冊子のページが抜け落ちるまでやったということも、自信につながりました。

勉強時間は、学校のある日は2時間半〜3時間、ない日は4〜5時間くらいでした。夏休みはずっと自習室で勉強していました。朝9〜10時くらいから自習室に行き、授業が終わる夜9時くらいまでずっといました。

同じ志望校をめざすライバルの存在は、自分よりもできるかもしれないと不安に思えたりして、私にとってはつらかったです。自分の周りの席で問題を解くペンの音や丸つけをする音などが聞こえてくることがとてもプレッシャーでした。でも、「私ももっと頑張ろう」と、逆にやる気が出たので、よい刺激になっていたと思います。

受験を通して成長できたこと

入試には50円玉を、「5」がついているから「合格」のお守りとしてポケットに入れて持っていました。あとは校門前での塾の先生との握手も大事だったと思います。先生の顔を見たり、声をかけてもらえて気持ちが落ち着いたような気がします。

日比谷の入試では、数学の問題が難しかったし英作文もあまりうまく書けなかったので、手応えはありませんでした。だめだったかなと思っていたので、合格発表で自分の番号を見たときはとても嬉しかったです。最初に見たときは間違いじゃないかと思って、2分くらい固まってしまいました。

高校では、演劇部に入って小道具作りをしたいです。勉強面での目標としては、英語が話せるようになりたいです。これまでは受験英語の勉強が中心だったので、話せる英語を身につけたいです。

私は、受験を通して成長できたと思えることが2つあります。1つは精神的にとても打たれ強くなったこと。もう1つは、いつも周りの人と自分を比べがちだったのですが、志望校に合格できて自信がついたことです。

私からの受験のアドバイスとしては、塾の小テストは完璧にこなすくらいの勢いで取り組むといいと思います。それと、直前期にはとくに塾の先生の指導に従って勉強してください。また、入試では周りの受験生よりも自分の方ができると思うことも大事だと感じました。

神奈川県立湘南高等学校 進学

大橋《おおはし》 菜々子《ななこ》さん

努力すれば叶うことを受験を通して実感できた

合格校　県立湘南　桐蔭学園

勉強の励みになったのは競争しあえる仲間の存在

中3の4月に塾に入り、受験勉強を始めました。学校選びは中2の秋ごろから始めていましたが、入塾したころにはまだ第1志望校を私立にするか公立にするか決めていませんでした。

夏休みに湘南の学校説明会に行ったときに、休み中にもかかわらず秋に行われる体育祭の準備で大勢の生徒が学校に来ているのを見て、生徒たちのいきいきとした様子に感動して、第1志望校に決めました。その後、体育祭も見学に行き、生徒が協力しあって行事を運営しているところにも魅力を感じました。

夏以降、受験勉強に力を入れ始めました。平日は4～5時間、塾のない土日には朝から塾の自習室に行き、夜10時ごろまで勉強しました。

自習室には受験生がたくさんいたので、「私も頑張ろう！」と思えました。問題集を解くのも、家で勉強するよりも自習室で仲間といっしょの方が一生懸命考えることができましたね。家での勉強は暗記ものを中心にやりました。

私にとって塾の友人の存在は自分の勉強を進めていくなかでとても大切でした。同じ志望校の人たちがどのように勉強し、どれくらい問題が解けるのかといったことを知ることができて、それがやる気にもつながったからです。

また、めざす高校が違ったとしても、お互いに励ましあい、勉強面では競争しあえた仲間の存在があったから、自分の実力も伸ばすことができたと思います。

得意科目は英語と国語で、この2教科を自分の武器にしていこうと思って勉強を続けました。

苦手科目は数学と理科で、応用問題をやってもなかなか思うように解けないので、基礎をしっかりやることを中心に取り組みました。とくに理科はギリギリまでなかなか点数が伸びずに苦労しました。スランプで悩んだこともあったのですが、最後まで諦めずに基礎を固めていく勉強を続け、入試までにはテストの点数も伸ばすことができました。

得意科目と苦手科目の偏差値の差は、多いときで10くらいありましたが、理科の実力があがったので、最終的には差をぐっと縮められました。

入試方法が変わり不安もあった

今年度から神奈川県立高校の入試形式が変わるということで、不安なこともたくさんありました。入試当日の朝、母から「自分のできることを最後まで諦めずにやってきなさい」と声をかけてもらい、「自分が解ける問題をしっかりと全部解いていこう！」と前向きな気持ちで試験に臨みました。

5教科の試験のあとに自己採点をしてみると、思ったよりミスがあることがわかりました。まだ特色検査と面接が残っていたので、あとの2つでしっかりと点数を取っていこうと、気持ちを切り替えてまた頑張りました。

合格がわかったときはすごくびっくりしましたが、努力をすれば叶うということを実際に体験して、いままでの努力はムダではなかったことを強く感じました。

勉強でつまづくことがあっても、諦めずに最後まで頑張りきるということが、受験勉強のなかでは一番大切です。

これから受験生となるみなさんも最後まで諦めないで頑張ってほしいです。

トウダイデイズ

現役東大生が東大での日々と受験に役立つ勉強のコツをお伝えします。

Vol.002

東大合格後の新入生の忙しい１カ月

text by 平(ひら)

こんにちは、平（ひら）です。この記事がみなさんの手元に届くころ、私は東大理科Ⅰ類の２年生になっているはずです。進級することは嬉しいですが、ときの流れが早くてしょうがない今日このごろです。

私が２年生になるということは、初々しい１年生が入学してくるということです。東大には例年、約3000人が入学してきます。現役受験生の人口を約60万人として考えてみると、200人に１人が東大に入学できるという計算になります。実際には浪人生がいるので正確な計算とは言えませんが、こう考えると、東大への道がいかに険しいものなのかがわかります。

さて今回は、難関を突破し東大へ入学してきた新入生の、最初の１ヵ月を紹介します。

私の印象では、入学前は割と大変でした。まず大きな分岐となるのは、合格発表直後に行う第２外国語の選択です。この選択した言語ごとに、クラスが分けられます。私は中国語を選択しました。何年か前までは、理系ではドイツ語を選択する人が１番多かったのですが、近年は中国語も同じぐらいです。また習得が比較的簡単との噂から、最近ではスペイン語も人気です。

合格が決まれば、辞書や教科書やパソコンなど、大学で必要なものを買いそろえねばなりません。さらに、実家以外から通う学生は住まいを探したり、引っ越しの準備をしたりとすることがたくさんあります。

４月になってからも、入学前はイベントが続きます。なかでも１番大変なのは、諸手続きの日です。学生証や時間割など、大学生活で必須となるものを受け取ったり、団体加入費を支払ったりと、やることが多く、立ちっぱなしで３時間はかかります。

さらに手続きを終えると、そのままサークルの勧誘合戦へと巻き込まれます。たくさんのサークルがテントを張り、新入生をなかに引きずり込んで勧誘します。大量の新入生と大量のサークル関係者にもみくちゃにされ、帰るころにはへとへとになります。

その日以降も、健康診断や教養課程のガイダンスに加え、クラスで親睦を深めるためのオリエンテーション合宿、サークルの説明が聞けるサークルオリエンテーションなどがあり、イベントだらけで戸惑っているうちに、突然授業が開始します。

そういえば、入学式はまだかと思っている人もいるでしょう。例年東大の入学式は、授業開始よりあとの４月12日に武道館で開かれます。新入生はスーツを着て参加し、教授の方々も三角帽とガウンでいつもよりおめかししています。

総長のあいさつや来賓の方の講演など、内容は普通の入学式ですが、去年はノーベル賞受賞者の根岸英一先生の講演がありました。さすが、東大だけのことはあります。この原稿を書いている時点では、今年はだれの講演が聞けるのかまだわかりませんが、きっとすごい人には違いないでしょう。

入学式が終われば、ようやく本格的に大学生活が始まります。東大に入学して、サークルや部活に打ち込むもよし、勉強に打ち込むもよし、可能性は無限に広がっています。

英語がもっと好きになる

英語で読書

中学生のみんなは、英語の本を読んだことはあるかな？　本屋に行くと見かけることもある洋書だけど、なかなか難しそうに思えて挑戦しづらいんじゃないかな。

そんな中学生の君でも、英語を勉強するためだけじゃなく、純粋に読書を楽しむ気持ちがあれば洋書だって読むことができるんだ。

そこで今回は洋書を読んだことがない人のために、本の選び方や楽しみ方、オススメの洋書をご紹介！　読書を通して英語がもっと好きになるかも。

丸善
丸の内本店

洋書グループ
一般書売り場売場長
箱山 大樹さん

丸善の洋書担当書店員さんに聞く

洋書のススメ

洋書を読んだことのがない人のために
丸善の洋書コーナーを担当する書店員の箱山大樹さんに
洋書の楽しみ方を聞きました。

購入する

大型書店の洋書売り場へ行くと、絵本から専門書まで、さまざまな洋書が売っています。

そのなかの語学書のコーナーには、洋書を読んだことのない人でも親しみやすい「リーダーズ」という英語学習向けに作られているシリーズの洋書や、それよりも難易度が高く日本の文庫本にあたる「ペーパーバック」などがあります。1冊1000〜2000円程度で購入することができます。

洋書のすすめ

洋書には、学校の教科書では知ることのできないような表現の文章も多く登場します。海外で実際に使われている表現を知ることができるのは、洋書ならではのメリットです。

洋書売り場には、英語で書かれた数々の本が並びます。英語学習のためだけでなく、気兼ねなく海外の出版物に触れ、海外の雰囲気を中学生のみなさんにも知ってもらいたいと思います。

本を選ぶポイント

洋書を初めて読む人は、知っている映画や物語の本を選ぶと話の流れがつかみやすいのでおすすめです。また、小さいときに読んだことがある絵本なども、物語を想像しやすいのでおすすめです。

コミックは絵が多いので読みやすそうに思えますが、登場する会話表現には海外の独特な言い回しも多いので、初心者の人には難しく、おすすめできません。

まずは自分に合ったレベルの本を選び、洋書を1冊を読み終える達成感を感じることで、英語を好きになってもらいたいですね。

読む際に心がけること

読んでいるとわからない単語や文法が当然出てきますが、知っている物語なら話の流れから意味を推測して読み進めることができます。

わからない単語は辞書で調べてもいいですが、単語1つとってもさまざまな意味があります。その本のなかで同じ単語やフレーズが繰り返し出てくることによって、文章の流れでその意味を想像しながら読むと読みやすいでしょう。

大切なのは、わからない箇所でつまづいても、物語の流れを意識して楽しんで読むことです。

shop infomation

丸善 丸の内本店

千代田区丸の内1-6-4 丸の内オアゾ1~4階
営業時間 9:00〜21:00
TEL 03-5288-8881

昨年11月にリニューアルオープン。
洋書と文房具に特色があり、独自の品揃えが自慢です。

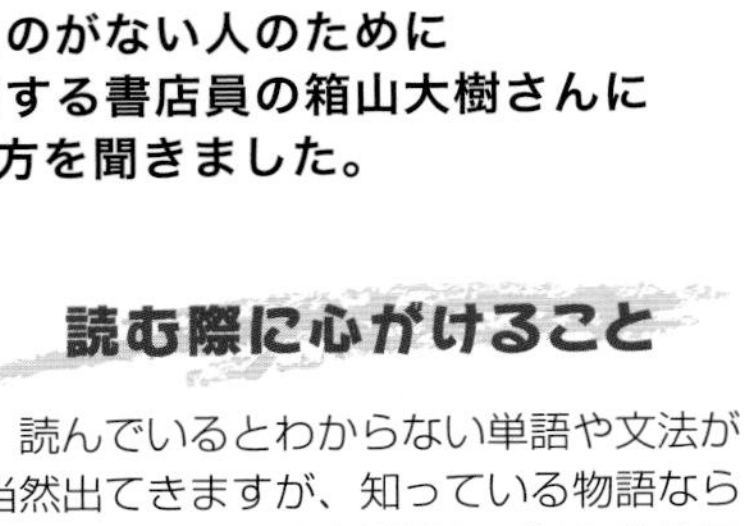

Story

ムーミン・シリーズ

著／Tove Jansson（トーベ・ヤンソン）
刊行／Puffin Books

日本でも有名な「ムーミン」シリーズ。持ち運びに便利で安価なペーパーバック版（Puffin Books）が発売されているので、手に取りやすいのでは。日本語版を読んだことがある人は、内容も理解しやすい。

Holes

著／Louis Sacher（ルイス・サッカー）
刊行／Yearling

アメリカで多くの賞を受賞し、日本語版も出版されている物語。更生施設に入所させられた主人公が、過酷な環境のなかでも前向きに成長していく姿が描かれている。日本語版を読んでから挑戦してみるのもいいかもしれない。

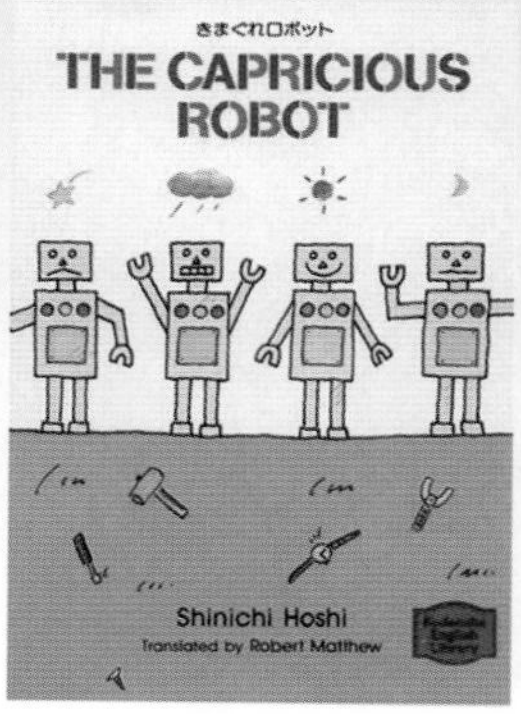

きまぐれロボット
THE CAPRICIOUS ROBOT

著／星新一　刊行／講談社英語文庫

短編小説よりもさらに短い「ショートショート」の日本第一人者・星新一の「きまぐれロボット」を英訳。１話ずつが短いので、息抜きにも最適だ。後ろには単語の解説ページもあり、親切な１冊。

オススメの洋書12選

Biography & Essay

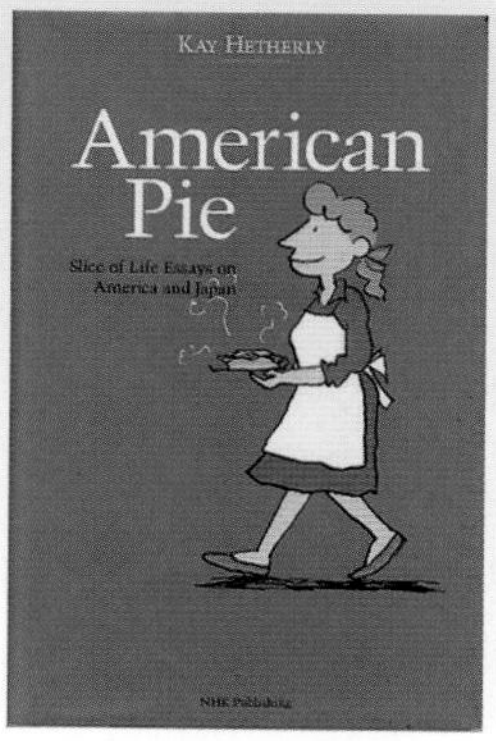

American Pie

著／Key Hetherly（ケイ・ヘザリ）
刊行／NHK出版

NHK「ラジオ英会話」のテキストで連載されていた英文エッセイが１冊の本に。日本通の著者ならではの視点で日本とアメリカの違いなどについて描いている。１話ずつが短いので、空いた時間を利用して読める。

Michael Jordan

著／Nancy Taylor（ナンシー・テイラー）
刊行／Penguin

バスケットボール界のスーパースター、マイケル・ジョーダン。彼がなぜバスケットボールを始めたのか、彼がいかにバスケットボールを愛しているのかが20ページに詰め込まれたリーダーズ版。

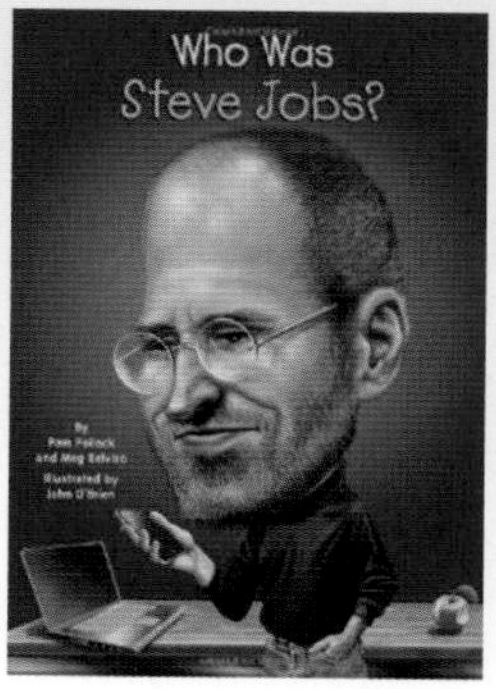

Who Was…? シリーズ

刊行／Grosset & Dunlap

音楽家から政治家まで、さまざまな世界の偉人について知ることのできるシリーズ。挿絵もユーモアがあり、読むのが楽しくなりそう。英語学習のためだけじゃなく、知識としても知っておきたい内容となっている。

Picture Book

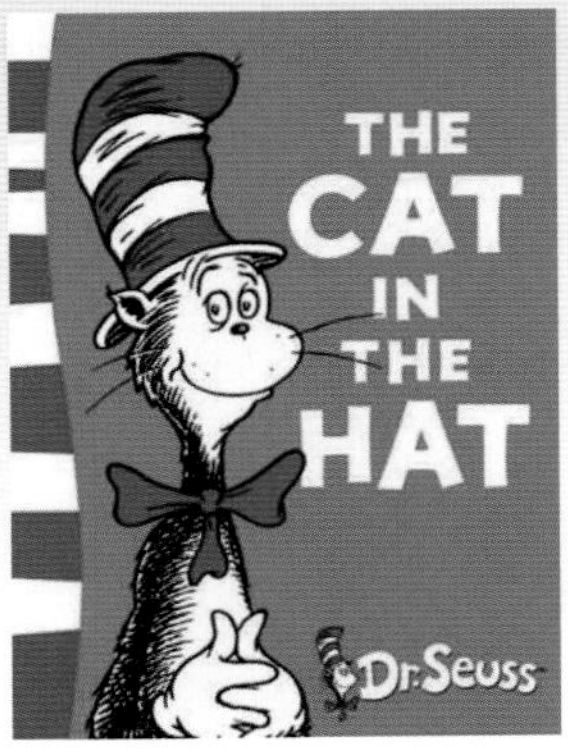

THE CAT IN THE HATシリーズ

著／Dr. Seuss（ドクター・スース）
刊行／HarperCollins Children's Books

現代のマザーグース（童謡）作家とも評されるドクター・スースの代表作の１つ。軽やかなリズム感と韻を踏んだ文章が読みやすい。イラストもユニークで、難しく構えることなく英語が学べる１冊だ。

Olivia

著／Ian Falcorner（イアン・ファルコナー）
刊行／Simon & Schuster

主人公は、おてんばな子ブタのオリビア。歌うこと、踊ることが大好きで、家族やイヌ、ネコに囲まれた生活は、毎日がお祭りのよう。全米の書店員が選ぶ「2000 年度売ることに最も喜びを感じた本」賞受賞作。

Swimmy

著／Leo Lionni（レオ・レオニ）
刊行／Dragonfly Books

レオ・レオニの名作絵本。小さな魚と海のなかのさまざまな生き物の様子が、リズミカルな文章と不思議な絵で表現されている。何度も読み返したいお話なだけに、英語で読んでみると、さらに楽しい。

オススメの洋書12選

Cinema

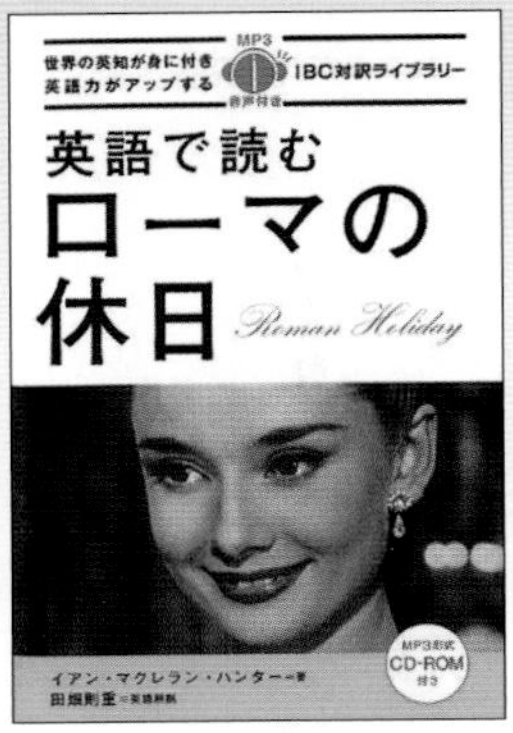

英語で読むローマの休日

著／Ian McLellan Hunter
（イアン・マクレラン・ハンター）
刊行／IBCパブリッシング

オードリー・ヘプバーン主演の名作映画「ローマの休日」から、さまざまな英語表現を抜き出し、解説している対訳本。CDも付いているので、読む、聞くの両方で英語に接してみよう。

Forrest Gump

著／Winston Groom（ウィンストン・グルーム）
刊行／Penguin

アカデミー賞俳優トム・ハンクスの代表作「フォレスト・ガンプ」。彼の数奇な運命の物語が１冊の本に。ペンギンリーダーズ版は、通常版よりもページ数が少ないので初心者でも読みやすい。

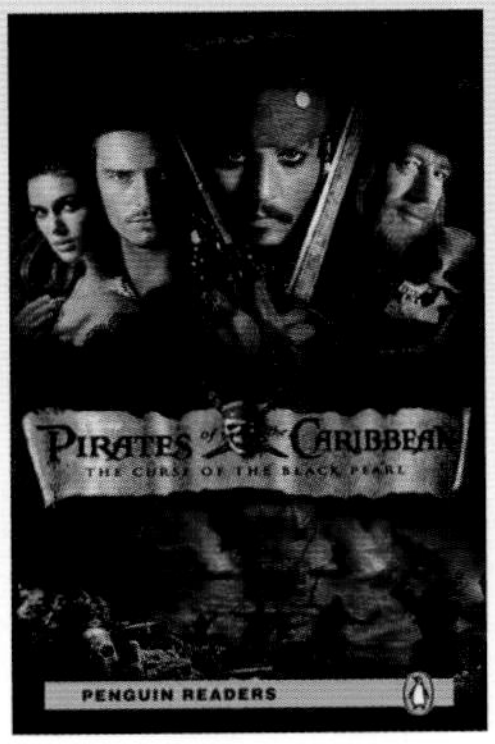

Pirates of the Caribbean シリーズ

刊行／Penguin

ペンギンリーダーズから初級レベル向けとして出版されている、ジョニー・デップ主演の映画「パイレーツ・オブ・カリビアン」の書籍版。48ページと短く、映画のイメージも強いので抵抗なく読むことができる。

精神科医からの処方箋

子どものこころSOS

大人の知らない「子どものこころ」。そのなかを知ることで、子どもたちをめぐる困難な課題を克服する処方箋を示唆。気鋭の精神科医・春日武彦が「子どものこころ」を解きほぐし、とくに受験期に保護者がとるべき態度や言動をアドバイスします。

A5版　224ページ
定価　2,100円（税込）
ISBN4-901524-80-1

精神科医
春日 武彦　著

「率直に言って、受験を迎えるお子さんがいるご家庭においては、親子ともに『こころの健康マネージメント』が必要だと感じています。しかし、これを実際におこなっていくのは、なかなかむずかしい。本書は、現実生活のなかでどう対応したらよいのかを、学説や教育論ではなく、こころに届く絶妙な筆致で綴った得難い一冊です」
（教育評論家・森上展安）

子どものこころ？

子どもとうまくつきあいたい

受験期にはどう接すればいい？

★ご注文方法
本書は一般書店にてお買い求めになることができます。万が一、書店店頭に見当たらない場合には、書店にてご注文のうえ、お取りよせいただくか、弊社営業部までご注文ください。ホームページからもご注文いただけます。

株式会社 グローバル教育出版
〒101-0047 東京都千代田区内神田２－４－２　グローバルビル３階
TEL：03-3253-5944（代）　FAX：03-3253-5945

SCHOOL EXPRESS

未来の可能性を大きく広げ なりたい自分に出会える学校

YAMATEGAKUIN

山手学院高等学校

神奈川
横浜市
共学校

前島《まえじま》　始《はじめ》 校長先生

創立当時より、いち早く国際教育に取り組み、世界基準の視野で教育を進めてきた山手学院高等学校。高い進学実績だけでなく、生徒1人ひとりが将来への夢を抱けるよう、多彩な教育を行っています。

伸びのびとした自由な校風、生徒の主体的な意欲を大切にした指導が山手学院の特徴です

英語教育を土台に国際的な視野を育てる

鎌倉の山並みを望むことのできる静かな丘の上に広大なキャンパスをかまえる山手学院高等学校。

日本が終戦を迎え、戦地から帰還した松信幹男先生と戦後アメリカに留学した江守節子先生の2人の姉弟

によって、1966年（昭和41年）に山手学院中学校が開校されました。

　国際的な英語教育を取り入れた、男子のみの全寮制中学校としてその歴史は始まります。1969年（昭和44年）には山手学院高等学校が開校すると同時に男女共学となり、その後、寮生の募集を停止し、現在にいたります。

「建学の精神は、『世界を舞台に活躍でき、世界に信頼される人間の育成』です。国際交流や国際教育について、本校は、創立当時からその土台を築いてきました。戦争を経験された松信先生と江守先生は、これからは国際社会で活躍できる人材を育成しなければいけないと考え、英語教育を必要としました。この建学の趣旨は、そうした創立者の精神を脈々と現代に受け継いでいます。」（前島校長先生）

　この建学の趣旨を理想として、山手学院では、「高いこころざし、他人への優しさ、気品、決断力、実行力を持った生徒を育成する」ことを教育目標に掲げた指導を展開しています。

2つのコースで目標にふさわしい学習を

　山手学院では、併設中学校からの内進生と高入生は、3年間別々のクラスで学びます。

　高入生は「普通コース」と「理数コース」に分かれます。さらに、「普通コース」は2年次の文理選択で、文系クラスと理系クラスに分かれることになります。

　文系クラスは、私立大の文系学部を志望する生徒を対象とし、うち1クラスは国公立大や難関私立大をめざす「選抜クラス」としています。

　理系クラスは、私立大の理系学部を志望する生徒を対象としていますが、国語・社会の選択が可能なので、国公立大志望者にも対応できる仕組みになっています。

　一方、「理数コース」は1クラスのみで、入学時より3年間同じクラスで学びます。理系難関大学進学を目標に、それにふさわしい数学・理科の実力がある生徒が選抜されます。理数に力を入れていますが、難関国公立大をめざす生徒のためのコースとしても位置付けられています。

生徒の学力を支えるさまざまな講習

　山手学院では、毎週土曜日の午前中に土曜講座を開講しており、補習講座や資格試験対策講座など、大学受験への対策を行っています。

　勉強の講座以外にも、「韓国語講座」や「タイ料理講座」など、教養や趣味につながる文化講座もあります。生徒のニーズに合った講座を開講しており、保護者の方といっしょに受講できるものも用意しています。

　前期と後期でのべ1700名ほどの受講者が集まり、昨年度の合計講座数は86講座にものぼりました。

　一方、平日は規定の補習授業を授業などはありませんが、各教科の先生が放課後に自主的に補習を実施します。進度が遅れている生徒をバックアップしたり、進度が速い生徒を集めてさらにフォローするなど、親身な指導で生徒の学力をしっかりと支えています。

　また、生徒は休み時間や放課後に各教科の先生に質問に訪れるなど、

施設

　2010年（平成22年）、広大なキャンパスのなかに、新たに特別教室棟が建てられました。ガラス張りの大きな図書館やカフェテリアが併設されています。

図書館

図書館の窓辺

北米研修プログラム

2年生で行われる「北米研修プログラム」は、実施1年前の高校入学直後より準備が進められます。初めて海外へ行く生徒も多く、さまざまな気づきのある貴重な経験となります。

部活動

多くの生徒が部活動に参加しています。スポーツ系クラブ・文化系クラブともにさまざまな種類があり、社会性を身につけ、友情を育む場として、教育の柱の1つとなっています。

日々主体的に学習に取り組んでいます。

長期休暇中の講習は、夏期・冬期・春期で実施されています。それぞれ5日間の集中授業を行い、基礎の復習から大学入試問題の演習まで、さまざまなレベルの講座が開かれます。昨年度の夏期講習に関しては、合計120講座が開講されました。

伝統ある「北米研修プログラム」

創立時より国際教育に重点をおいている山手学院には、生徒たちが生きた英語に触れることができるさまざまな環境が整っています。

豊かな世界観を身につけるため、40年以上にわたり行われている、全員参加の「北米研修プログラム」はその特徴的な行事です。

2年生の4月、15泊16日の日程で、2名1組でカナダ、アメリカの都市にてホームステイを体験します。日本文化の紹介や現地の学校が企画する行事に参加し、世界を肌で感じられる機会が設けられています。

また、同年の7月には、山手学院生が訪問したカナダやアメリカの生徒を今度は山手学院生の家庭に迎える「リターン・ビジット」があります。

「こちらがホームステイするだけでなく、リターンビジットも行うことで、家族同士での親交が深められ、その後も手紙やメールでの交流を続けるご家庭もあります。これは本校の大きな魅力の1つです。生活をともにし、異文化交流の大切さを学ぶ体験は、生徒に大きな影響を与えています。」（前島校長先生）

充実の英語教育は世界からも認められており、1993年（平成5年）から「国連世界高校生会議」に参加しています。

国連の本会議場で、世界から集まった20数カ国、400名以上の高校生が、その年の国連のテーマについて英語でディベートします。校内での厳しい選考を通過した生徒が参加します。

山手学院は、日本で初めてこの国連世界高校生会議に招待され、現在まで18回連続で参加しています。

「世界を舞台に活躍でき、世界に信頼される人間の育成」という建学の精神を現実のものとするため、これらの国際交流プログラムで人間としての成長をはかっています。

過去最高の国公立大合格者を輩出

昨年度（2012年度）の大学合格実績では、国公立大に74名、難関私立大の早慶上智に120名、MARCHに400名を超える現役合格者を輩出し、国公立大の合格実績においては、過去最高の合格実績を出しました。

目標の進路をめざす生徒のために、山手学院では高2から高3への進級時はクラス替えは行わず、担任の先生による継続した進路指導が実施されています。そうすることで、個々の生徒の状況把握がしっかりでき、きめ細やかな指導につながります。

そのほかの進路指導では、明治大や早稲田大の教授による模擬授業の実施や、複数の難関私立大を招いての学部説明会などを行い、進学へのモチベーションを高める機会が設けられています。

最後に、前島校長先生に、今後どのような生徒に入学してほしいかを伺いました。

「私は『人を思いやる気持ちのある人になりなさい』と日ごろから生徒に伝えています。相手を思いやる気持ちこそ、学校内の生活だけでなく、すべてのことにつながる大切なことです。本校は、自由で伸びのびとした校風です。そのなかで、自ら考え、責任を持って行動できる、思いやりのある生徒さんを待っています。」（前島校長先生）

国際交流をはじめとする多彩な教育で、生徒1人ひとりの未来の可能性を大きく広げる場所、それが山手学院高等学校です。

School Data

所在地	神奈川県横浜市栄区上郷町460
アクセス	JR京浜東北線・根岸線「港南台」徒歩12分
生徒数	男子678名、女子678名
TEL	045-891-2111
URL	http://www.yamate-gakuin.ac.jp/

3学期制　週5日制

月～金7時限　45分授業

1学年12クラス　1クラス約40名

2012年度（平成24年度）大学合格実績　（　）内は既卒

大学名	合格者	大学名	合格者
国公立大学		私立大学	
北海道大	2(1)	早稲田大	108(24)
東北大	3(1)	慶應義塾大	52(20)
筑波大	1(0)	上智大	37(3)
千葉大	4(0)	東京理科大	64(9)
埼玉大	2(0)	明治大	156(37)
東京外大	3(0)	青山学院大	101(11)
東京医科歯科大	1(0)	立教大	86(31)
東京工大	9(1)	中央大	90(14)
電気通信大	5(0)	法政大	91(24)
首都大東京	13(1)	日本大	65(13)
横浜国立大	7(2)	学習院大	27(3)
横浜市立大	11(0)	國學院大	18(4)
その他国公立大学	13(2)	その他私立大	608(132)
国公立大学合計	74(8)	私立大合計	1310(325)

共学校　東京都　千代田区

二《に》松學舎《しょうがくしゃ》大学《だいがく》附《ふ》属《ぞく》高等学校

未来を切り拓く力のある人を育てる

School Data

所在地	東京都千代田区九段南2-1-32
生徒数	男子323名　女子361名
TEL	03-3261-9288
アクセス	地下鉄東西線・半蔵門線・都営新宿線「九段下」徒歩7分
URL	http://www.nishogakusha-highschool.ac.jp/

キャンパスは東京の中心地にある

緑豊かな北の丸公園や日本武道館など、多くの文化施設が建ち並ぶ閑静な街、千代田区九段下。二松學舎大学附属高等学校の校舎は、そんな東京の中心地にあります。地下2階から7階までの全9フロアにすべての教室が収まっているという、都会の学校らしい学習環境が特徴です。

校訓は「仁愛・正義・弘毅・誠実」。二松學舎大学の創立者・三島中洲による「自ら考え行動できる能力を鍛え、社会のために貢献する人物を養成する」という理念に基づき、「未来を切り拓く力のある人材を育成することをめざしています。

未来を切り拓く4つの力を育む

二松學舎大附属では、「未来を切り拓く」ために必要な、「人間力」「語学力」「創造力」「進学力」という4つの力を育むプログラムがあります。

「人間力」とは、強い意志を持ち、他者を思いやり、たくましく生きる力のことです。3年間をつうじて「論語」を学ぶことも人間力を育む独自教育の1つ。このように、さまざまな場で、校訓に基づいた人間教育を行います。

「語学力」の強化として、外国語教育にも力が入れられています。ネイティブ教師の授業をとおして、英語によるコミュニケーションを経験し表現力を高めます。また、3年次には第2外国語として中国語と韓国語のどちらかを履修することができるのも「語学力」を重視する二松學舎大附属ならではのカリキュラムです。

「創造力」は、新しい状態や状況などをイメージし、作り出す力です。二松學舎大附属では、日々の学習やクラブの練習、文化祭などの学校行事の企画など、いろいろな場面で創意工夫できる「創造力」を鍛えます。

「進学力」は自分が望む場所や環境へ進むための力です。国公立大やG-MARCH以上の難関大への現役合格をめざす「特進コース」と、二松學舎大を含めた自分の適性に合う大学をめざす「進学コース」に分かれ、それぞれの進路へ向けて力をつけていきます。どちらのコースも2年次より文系・理系に分かれます。自由選択科目も用意されていますので、自分の進路に必要な科目を履修でき、進路対策も万全です。

4つの力をバランスよく育むことで、一人ひとりの「未来を切り拓く力」をしっかりと育む二松學舎大附属。充実した高校生活がみなさんを待っていることでしょう。

共学校　埼玉県　北足立郡

栄北《さかえきた》高等学校

夢を見つけて、未来をつくる

無限の可能性を開花させる 普通科と自動車科

2000年（平成12年）、学校法人佐藤栄学園の高等学校の1つとして、普通科と自動車科を設置し、産声をあげた栄北高等学校。

学園の建学の精神である「人間是宝」の具現化を教育使命とし、校訓である「今日学べ」を実践することにより、生徒の夢を実現させる教育を行っています。

普通科の目標は志望大学への全員現役合格です。栄北では「通常授業」と「演習授業」の2本立てで、生徒の学力を伸ばしていきます。「通常授業」では完全理解を基本に基礎学力の充実を図り、「演習授業」では生徒の実践的な実力を養成していきます。

普通科は生徒の個性や希望に合わせ、4つの類型に分かれています。超難関大学への一般入試での合格をめざす「特類選抜」、難関大学への合格をめざす「特類」、受験形態に応じ難関大学から中堅大学までの合格をめざす「Ⅱ類」、中堅私立大への合格をめざす「Ⅰ類」です。

2年進級時での類型変更も可能で、2年次より類型・コース制の習熟度別のクラス編成となり、自分の進路に合った勉強ができます。

また、0時間目演習や7・8時間目演習、大手予備校講師による演習、小論文・面接指導まで、手厚いサポート体制が整っています。

こうした特色あるカリキュラムときめ細かい進学指導により、自分の夢に向かって一歩を踏み出した生徒が増えています。2012年度（平成24年度）の現役合格率は94％になりました。

自動車科は自動車のスペシャリストをめざし、高い知識と技術を学ぶ専門学科です。卒業と同時に、3級自動車整備士国家資格の実技試験の免除と学科試験の受験資格を得ることができます。また、普通教科もしっかりと学ぶことができるので、大学進学にも対応しています。

もちろん、高校生活は勉強だけではありません。クラブ活動が盛んなことも栄北の特徴です。自転車競技部は9年連続で埼玉県の代表になり、2012年にはインターハイの4㎞速度競走の部で優勝を果たしました。そのほか、男女で数多くの全国大会優勝経験を持つエア・ライフル部や空手部、ダンス部など、全国で活躍するクラブも少なくありません。

希望大学への進学をめざす生徒、クラブ活動にはげみたい生徒、そして、自動車のスペシャリストになりたい生徒まで、1人ひとりの夢を応援する栄北高等学校です。

School Data

所在地	埼玉県北足立郡伊奈町小室 1123
生徒数	男子 704 名　女子 340 名
TEL	048-723-7711
アクセス	ニューシャトル「丸山」徒歩３分
URL	http://www.sakaekita.ed.jp/

共学校

東京都立 戸《と》山《やま》高等学校

大野《おおの》 弘《ひろし》 校長先生

幅広い教養と基礎力を身につけ 社会に貢献するトップリーダーに

高い総合力を育てるリベラルアーツ教育のもと、進学指導重点校として優れた大学合格実績を誇る東京都立戸山高等学校。スーパーサイエンスハイスクールとして理数教育にも力を入れており、文系・理系にかかわらず、多種多様な経験を積むことができます。

創立125年を迎える伝統ある名門校

東京都立戸山高等学校は、1888年（明治21年）に補充中学校として創立されたのを始まりとします。その後、東京府城北中学校、東京府立第四中学校、都立第四高等学校と時代ごとに校名を変えながら、1950年（昭和25年）に現在の東京都立戸山高等学校（以下、戸山高）という校名になりました。今年、2013年（平成25年）に創立125周年を迎えています。

2001年（平成13年）に進学指導重点校に指定され、2004年（平成16年）には文部科学省より都立高校で初めてスーパーサイエンスハイスクール（SSH）の指定を受けています。交通の便もよく、2005年（平成17年）には新校舎も完成するなど、快適な学習環境も整っています。

戸山高は、そのミッションとして「国

戸山祭（文化祭）

1年生は課題研究などの展示を、2年生は演劇を、3年生は自分たちで作った映画の上映を行います。そのほか、さまざまな文化系クラブの発表もあります。

際社会に貢献するトップリーダーの育成」を掲げています。

「本校には旧制中学時代から、『自らを重んじて個性を伸ばすこと、努力を尊び責任を果たすこと、心を豊かに体を健やかにすること』で社会に貢献しようという発想がありました。この考えを現代に当てはめると、現代では、社会とは『国際社会』を指すようになっています。また、卒業生は多士済々であり、社会のトップリーダーとして活躍されています。そうした状況から、国際的な時代のなかにあって、グローバル社会に貢献できるトップリーダーとなる人材を育てることをミッションとして掲げています」と大野弘校長先生は説明されます。

また、戸山高では、自身を尊重し、自らを律して社会的に自立していく「自主自律・自立」の考えが重視されています。かといって、それは自由放任ということではありません。すべての生徒がすぐにその考えを理解し、実行できるわけではないので、さまざまな場面で先生方が自由であることの責任を説いていくことで、3年間を通して「自主自律・自立」を身につけていきます。

総合力を重視した リベラルアーツ教育

戸山高のカリキュラムの特色は総合力と理数重視の教育指導です。1・2年次は、芸術（音楽・美術・書道）以外はすべて共通履修で、3年次に用意されている選択科目を自分の進路に応じて選ぶ形になっています。

「まんべんなく全科目を履修することで教養を身につけるリベラルアーツの考えです。本校の教育は、大学入試だけではなく、大学に入ってから、また、社会に出てから活躍できるための基礎を作ることを考えていますので、理系なら文系科目は必要ない、文系なら理系科目はいらないということは全くなく、すべてが必要であると考え、学んでいきます。大学受験でも、国公立大学をめざしやすくなることにつながりますし、文系だから数学を捨ててほかの時間数を増やす、というようなことをするよりもむしろ有利ではないでしょうか。」（大野校長先生）

こうした考えのもと、3年次のクラス編成も、文系クラス、理系クラスという形で分けるのではなく、2年からそのまま持ちあがり、クラス内に文系・理系の生徒が混在することになります。

日々の学習に主体的に取り組むことが求められる戸山高では、平常授業以外の部分での自主学習を大切にしています。1・2年では、予・復習1日3時間以上、3年では5時間以上が目安となっています。自習室や図書室は午後8時まで使うことができ、また、卒業生のチューターが配置され、生徒の相談に応じています。

「廊下には質問机を置いてありますので、休み時間などに生徒が先生に質問する風景が日常的に見られます。」（大野校長先生）

理数リテラシーを養う さまざまなプログラム

２０１２年（平成24年）にＳＳＨの２年継続指定となった戸山高は理数教育について、

①―突出した理系人材の育成のためにＳＳＨでの大学レベルの理数授業

②―文系も含めた全ての生徒のための理数リテラシー育成

③―国際性の育成

という３つのポイントをあげています。

　これらについて大野校長先生は「①は、そのために２０１２年度（平成24年度）入学生から、１学年に２クラスのＳＳＨクラスを設置し、そこで大学レベルに匹敵するような物理、化学、生物、数学、そして論文のまとめ方の授業を行っています。とくに今年度からは『理数課題研究』として、数学と理科の融合を意識しています。例えば、学習指導要領では理科の授業で微積分を使うことはほとんどありませんが、物理の授業で微積分の概念を使ってみると、物理がわかりやすくなるのではないか、といったことを研究しています。

　②は全校生徒を対象としています。国際社会で活躍するためには、文系でも理数リテラシーが必要です。ＳＳＨクラス以外でも、総合的な学習の時間の『クロスカリキュラム』として、いろいろな研究方法、まとめ方、発表方法を学び、課題研究に取り組んでいます。また、年に10回以上ある研究者の講演会や研究施設見学会に足を運んでいます。

　③については、一般企業から外国人の研究者を招き、化学実験をしてその発表までを英語で行ったり、インターネットを利用した研究交流などを実施しています。さらに、２０１３年度（平成25年度）にはほかのＳＳＨ校とアメリカの進学校訪問を計画中で、韓国の理数高校との交流や受け入れも予定しています」と説明されました。

　新校舎には物理・化学・生物それぞれに実験室と階段式講義室が備えられ、地学にも実験室があります。施設・設備も整い、文理融合型の理数重視教育がこれからさらに発展し進化していくことでしょう。

計画的な指導で 生徒の希望をかなえる

　進路・進学指導も３年間で計画的に進められています。１年次には、高校での勉強方法が丁寧に教えられます。２学期には、那須で実施される２泊３日のＨＲ合宿があり、クラス単位で集団討議や登

運動会

　縦割りで団を編成し、各学年２クラスずつ、４つの団で優勝を競います。団ごとにマスコットを作ったり、応援合戦があったりと、大いに盛りあがります。

新宿戦

　都立新宿高との伝統の定期戦が６月にあります。駒沢公園で、両校に共通している運動部はすべて対抗戦を行います。

SSH

天文台

レインボー滝で地質実習

HR合宿

SSH受賞

小笠原父島で他校との合同植生調査

SSH生徒研究発表会ポスター発表賞受賞者と科学を志す仲間達

山などが行われ、クラスメートとの親睦が図られています。

そして学年を追いながら、進路講演会、科学技術講演会、体験教室、オープンカレッジ、医学部志望の生徒への医療現場体験など、キャリア教育も含め、進路について考えるさまざまな機会が用意されています。

全国模擬試験は1年次から全員が2回受験し、学年ごとに回数が増えていきます。これらの成績は定期考査の結果などとともに個人成績カルテとして管理され、大学受験への判断資料として活かされます。

こうした進路・進学指導のもとに、進学指導重点校として、戸山高は難関国公立大学や私立大学への合格実績を着実に伸ばしています。大野校長先生は「生徒には日ごろから、大志を抱いて日々の生活を大事にするように話しています。大きな望みを実現させるには、日々の学習が大切です。そして、幅広い教養、基礎を持ったうえで深い専門性を身につけ、これからは日本国内に限らず、海外の大学をめざす生徒も出てきてほしいですね」と話されます。

学習環境が整った新校舎で、戸山生たちは勉強・学校行事・部活動と、精力的な日々を過ごしています。そんな戸山高ではどのような生徒さんを待っているのでしょうか。

「高い志を持ち、自分の目標へ向かって日々の努力を惜しまない生徒さんです。本校に行きたいと思ってくださったら、絶対に戸山高に入るのだという気持ちで、毎日の中学校の授業を大事に勉強してきてもらいたいと思います。」（大野校長先生）

School Data

所在地	東京都新宿区戸山3-19-1
アクセス	地下鉄副都心線「西早稲田」徒歩１分、ＪＲ山手線・西武新宿線・地下鉄東西線「高田馬場」徒歩12分
ＴＥＬ	03-3202-4301
生徒数	男子510名、女子460名
ＵＲＬ	http://www.toyama-h.metro.tokyo.jp/

✣３学期制 ✣週５日制（年20回、午前中４時間の土曜授業あり） ✣6時限 ✣50分授業
✣１学年８クラス（うちＳＳＨクラスが２クラス）
✣１クラス40名

2012年度(平成24年度)大学合格実績(　)内は既卒

大学名	合格者	大学名	合格者
国公立大学		私立大学	
北海道大	4(2)	早大	97(36)
東北大	3(1)	慶應大	35(10)
筑波大	3(2)	上智大	32(12)
千葉大	12(4)	東京理科大	80(42)
お茶の水女子大	4(1)	青山学院大	30(12)
東京大	10(6)	中大	45(23)
東京外語大	7(1)	法政大	47(24)
東京学芸大	5(0)	明大	111(45)
東京工大	12(3)	立教大	53(22)
東京農工大	10(3)	学習院大	5(2)
一橋大	3(0)	国際基督教大	3(0)
横浜国立大	6(2)	津田塾大	12(5)
横浜市立大	4(2)	東京女子大	16(3)
京都大	3(1)	日本女子大	20(8)
その他国公立大	24(9)	その他私立大	168(79)
国公立大合計	110(37)	私立大合計	754(323)

和田式 教育的指導

中学1年生と2年生に知ってもらいたいこれから大切にすること

今回は、新しく中学校に入学した1年生と、受験に向けて気持ちを引き締めてほしい2年生に向けたメッセージです。中学校の勉強は小学校のものとはまったく違います。みんな同じスタートラインなのです。そして、これからの勉強が、すべて大学受験にまでつながっているのです。

中学ではリセットされ みんなが新しいことを習う

まずは、新1年生のみなさん、中学校からの勉強は小学校までのものとは違うということを認識してください。

英語と数学は中学から本格的に学び始めます。つまり、みんな初めての経験であり、同じスタートラインに並んでいるということです。ですから、これまで勉強が苦手だと思ってきた人たちも、これから勉強を頑張ることで、挽回は十分可能です。

また、これまで英語や数学に少し触れたことのある人にとっては、最初の方の授業は、知っていることばかりで簡単すぎるように感じるかもしれません。しかし、ここをおろそかにしてしまうと、あとで苦労することになります。とくに数学は、小学生のころに習った算数とは体系的に違うものです。

基礎的に見えることでもおろそかにせず、中学校では新たに習う内容ばかりであるということを強く意識して授業に臨んでください。

中学での勉強は 大学受験にまでつながる

ここからはみなさんに共通するお話です。

よく、中学校で勉強することは、

Hideki Wada

和田秀樹

1960年大阪府生まれ。東京大学医学部卒、東京大学医学部附属病院精神神経科助手、アメリカのカールメニンガー精神医学校国際フェローを経て、現在は川崎幸病院精神科顧問、国際医療福祉大学大学院教授、緑鐵受験指導ゼミナール代表を務める。心理学を児童教育、受験教育に活用し、独自の理論と実践で知られる。著書には『和田式　勉強のやる気をつくる本』（学研教育出版）『中学生の正しい勉強法』（瀬谷出版）『難関校に合格する人の共通点』（共著、東京書籍）など多数。初監督作品の映画「受験のシンデレラ」がモナコ国際映画祭グランプリ受賞。

高校受験のためにしているのだと考えがちです。しかし、それは大きな間違いです。じつは中学校で習うことは、大学受験までつながっています。このことをしっかり認識してください。

中高一貫校に入学した人は、先取り学習が行われるので大学受験には有利に思われますが、合格したことに安心してしまって、中1・中2で基礎をおろそかにしてしまうと、大変なことになってしまいます。

高校受験をめざす場合でも、しっかりと基礎力をつけておけば、万が一第1志望の高校に行けなくても、大学受験でリベンジが可能になります。基礎力がついていれば、あとから伸びる可能性があるからです。

毎日勉強する学習習慣をつける

中1・中2で大切にしなければいけないことは、学習習慣の定着です。

公立高校の受検では内申書も重視されるということもあり、定期テストでいい点を取りさえすればいいと考える人がいます。

すると、そうしたテストを一夜漬けの勉強で乗りきる人も出てきます。社会や理科のような暗記の多い教科のみならず、英語や数学などでも、出題範囲が決まっているので、どうにかなってしまうこともあるのです。ただ、一夜漬けの記憶はすぐに抜け落ちてしまいます。

しかし、高校入試では、中学校で習ったすべての範囲から出題されます。一朝一夕の勉強でどうにかなるものではありません。また、私立高校では、筆記試験の方が圧倒的に重視されます。

いま習っている英単語や文法、数学の2次方程式の問題や因数分解の解き方などが、高校受験のみならず大学受験のときでも役に立ちます。そう考えると、短時間で忘れてしまう一夜漬けの勉強はものすごくリスキー（危険なこと）です。

つまり、中1・中2の時期に毎日きちんと勉強する習慣をつけることで、学習した内容をしっかりと定着させていくのです。この習慣こそが、中3の高校受験、またはその先の大学受験のときにまで活きてくるのです。

仮に部活動をしているとしても、1日1時間や2時間の勉強時間は確保できるはずです。受験生になってからたくさん勉強すればいいという考えは捨ててください。

みなさんがいまやっている勉強がすべての基礎であり、これからのみなさんの将来につながっていくということを忘れないでください。

ミステリーハンターQ（略してMQ）

米テキサス州出身。某有名エジプト学者の弟子。1980年代より気鋭の考古学者として注目されつつあるが本名はだれも知らない。日本の歴史について探る画期的な著書『歴史を掘る』の発刊準備を進めている。

春日 静

中学1年生。カバンのなかにはつねに、読みかけの歴史小説が入っている根っからの歴女。あこがれは坂本龍馬。特技は年号の暗記のための語呂合わせを作ること。好きな芸能人は福山雅治。

山本 勇

中学3年生。幼稚園のころにテレビの大河ドラマを見て、歴史にはまる。将来は大河ドラマに出たいと思っている。あこがれは織田信長。最近のマイブームは仏像鑑賞。好きな芸能人はみうらじゅん。

三世一身法

自分から3代にわたり開墾した土地の所有権を認めた三世一身法。その後の墾田永世私財法と併せて公地制の崩壊を促した法令だ。

勇 奈良時代に出された三《さん》世《ぜ》一身法《いっしんのほう》が発布されてから、今年で1290年なんだってね。

MQ 723年（養老7年）4月に出た、いまでいう法令だね。

静 どういう内容だったの？

MQ それまでは公地公民といって、土地や人民は公のものとされていて、農民は口分田《くぶんでん》と呼ばれる田を割り当てられていたんだ。

しかし、人口が急増して割り当てる田が少なくなり、722年に100万町歩の開墾計画を立てることになったんだ。

勇 それがうまくいかなかったの？

MQ そもそも開墾しても自分の所有にならないと、開墾する意欲がわかないよね。そこで、池や溝といった灌漑《かんがい》施設を自分で新設したうえで開墾した土地は、自分から3代、すなわち子、孫、曽孫《ひまご》まではその家の私有地として所有していい、既存の灌漑施設を利用して開墾した場合は1代限りの所有を認める、としたのが三世一身法なんだよ。

静 それで開墾は進んだのかしら。

MQ 少しは進んだのだけれど、せっかく開墾しても自分の曽孫の代でまた公のものにされるとなると、効果は長続きしなかったみたいだね。開墾しても、その後、荒れ地になったところも多かったらしい。

勇 じゃあ、どうしたの？

MQ そこで朝廷は、三世一身法の20年後の743年（天平15年）、墾《こん》田永世《でんえいせい》私財法《しざいほう》を出すんだ。

静 永世ってことは永久ってこと？

MQ うん。身分によって面積の制限を設けるなどの一定の条件はあったけど、開墾した土地は、永久に開墾者の私有とすることを認めるという内容だ。

勇 それまでの口分田はどうなったの？

MQ 律令制の下での公地制度は事実上崩壊してしまった。その代わり、墾田の開発は進んだんだ。

静 なんか、社会主義から資本主義になったみたい。

MQ 永久に自分の土地になるわけだから、多くの人が開墾に励んだんだね。

勇 じゃあ、開墾問題は解決したんだ。

MQ 最初はよかったけど、その後、財力のある貴族や寺院が、労働力を使って墾田の開発を進めるようになっていった。そして大規模な土地経営に乗り出すようになっていったんだよ。それがのちに荘園として発達していくことになるんだ。

※このページは35ページから読んでください。

生えていなかったという文を読みましたね。

㊻ But *as time went by, they spread all over the world.

＝けれども時が経つにつれて、世界中に広がりました。

㊼ Today tomatoes have become one of the most popular vegetables in the world.

＝今日では、世界で最も人気のある野菜の１つになっています。

㊽ Can you think of anything that spread around the world like tomatoes?

＝トマトのように世界中に広まったものをなにか思いつきますか？

さあ、残りの問いをやっつけてしまおう。

〔問４〕次は明治時代の英国人教師と日本人学生との会話を想定したものである。
［（４）－ａ］［（４）－ｂ］の中に，本文の内容に合うように文を入れるとすれば，最も適切なものは，それぞれア～エのうちではどれか。

Japanese student : May I ask you a question?
English teacher : Yes. What is it?
Japanese student : You eat tomatoes, but they are new to me. When did people in Europe start to eat tomatoes?
English teacher : Tomatoes? Well, some people started to eat them in the 16th century, but ［（４）－ａ］.
Japanese student : I see. Do you know when tomatoes came to Japan?
English teacher : It was in the 17th century.
Japanese student : Is there anything which shows that tomatoes came to Japan at that time?
English teacher : Yes, ［（４）－ｂ］.
Japanese student : I understand. Thank you.

［（４）－ａ］
ア．many people started to eat them about 1668
イ．many people started to eat them early in the 18th century
ウ．many people started to eat them early in the 19th century
エ．many people started to eat them about 1925

［（４）－ｂ］
ア．Dutch people who brought tomatoes to Nagasaki ate them
イ．the first picture of tomatoes in Japan was found in Nagasaki in 1668
ウ．there is a history book which says tomatoes came to Japan around that time
エ．the first picture of tomatoes in Japan was painted in 1668

日本人学生「質問してよろしいですか？」
英国人教師「ああ。なんだね？」
日本人学生「先生はトマトを食べますが、私には初めてです。ヨーロッパの人たちはいつからトマトを食べだしたのですか？」
英国人教師「トマト？　ふむ、16世紀に食べ始めたのだが、［（４）－ａ］」
日本人学生「そうですか。日本にはいつ入ってきたか、ご存知ですか？」
英国人教師「17世紀だよ」
日本人学生「そのとき日本に入ってきたことを示すものがあるのですか？」
英国人教師「うん、［（４）－ｂ］」
日本人学生「わかりました。ありがとうございました。」

この２人の問答は、すべて問題文に基づいている。空所に入る語句も問題文と照らし合わせて選べばいい。

［（４）－ａ］は、
ア＝1668年に多くの人たちがトマトを食べだした。
イ＝18世紀に早くも多くの人たちがトマトを食べだした。
ウ＝19世紀に早くも多くの人たちがトマトを食べだした。
エ＝1925年に多くの人たちがトマトを食べだした。

［（４）－ｂ］は、
ア＝長崎にトマトを持ち込んだオランダ人が食べた。
イ＝日本で最初のトマトの絵は1668年に長崎で見つかった。
ウ＝ほぼそのころにトマトが日本に入ってきたと書いている歴史書がある。
エ＝日本で最初のトマトの絵は1668年に描かれた。

ａがひっかりやすい。⑯～㉒をよく読もう。とくに㉒がカギだよ。16世紀から300年後は19世紀だね。

解答〔問４〕*a*＝ウ　　*b*＝エ

あと１問（問５）残っているのだけれど、もう紙数が尽きた。それに問５も内容一致問題で、ほかの問いと変わらないので勘弁してもらおう。細かい文法や単語の知識を出題しないのは、いいことだよね。難関都立高を受験しようと思っている人は、やや長めの英文をできるだけたくさん読むようにするといいだろう。

※このページは35ページから読んでください。

small part of South America at first. But *as time went by, they spread all over the world. Today tomatoes have become one of the most popular vegetables in the world. Can you think of anything that spread around the world like tomatoes?

（注） modern agriculture 近代農業
recommended 勧める Gradually 次第に
sauce ソース fried 炒《いた》めた
a variety of ～ さまざまな
as time goes by 時が経《た》つにつれて

㉚ One of those people was Tsuda Sen.
＝そういう人たちの１人が津田仙です。

㉛ He traveled to the United States in 1867, and studied *modern agriculture.
＝彼は 1867 年に米国へ渡り、近代農業を学びました。

㉜ After he came back to Tokyo, he worked for a hotel.
＝東京に戻ったあと、ホテルに勤めました。

㉝ He knew that there were [(3)] Western vegetables for his hotel, and so he decided to grow tomatoes and other Western vegetables.
＝そのホテルには [(3)] 西洋野菜があるのを知って、それでトマトや他の西洋野菜を育てようと決心しました。

また空所が現われた。問３だね。

〔問３〕本文の流れに合うように，[(3)] の中に英語を入れるとき，最も適切なものは，次のア～エのうちではどれか。

ア．a lot of　　イ．enough
ウ．all　　エ．only a few

空所（3）にア～エを入れて「there were [(3)] Western vegetables」を訳してみよう。
ア＝西洋野菜がたくさんあった
イ＝西洋野菜が十分にあった
ウ＝西洋野菜が全部あった
エ＝西洋野菜がほんの少しだけあった

「there were [(3)] Western vegetables」の直後には「それでトマトや他の西洋野菜を育てようと決心した」と書かれている。もしア・イ・ウだというならば、わざわざ栽培を行おうと決心する必要はないね。

エの「ほんの少しだけあった」というのは、もちろん「少ししかなかった」ということだ。不足しているからこそ、「よ～し、私が西洋野菜を植えて育ててやるぞ」と心を決めたのだろう。

解答〔問３〕 エ

なお、この津田仙は千葉県出身のなかなかの人物で、トマトだけでなくアスパラガスやキャベツなどの栽培・普及に努めたり、通信販売を思いついて日本で最初に行ったり、教育の面でも大きな功績を残したりした。仙の娘が津田梅子（津田塾大の創設者）だ。

問題文の続きを読み進めよう。

㉞ He himself ate tomatoes, and *recommended Japanese people around him to eat them.
＝彼は自分でトマトを食べ、まわりの日本人たちにも食べるよう勧めました。

㉟ But many people did not because tomatoes did not taste good.
＝しかし大抵の人たちはトマトの味はよくないと言って食べなかったのです。

㊱ Then farmers tried to change the taste and they tasted better.
＝そこでトマトを作っていた人たち（＝津田仙たち）は味を変えようと努めてもっとよくなりました。

㊲ *Gradually people began to eat them.
＝次第にみんながトマトを食べだしました。

㊳ Around 1925 a lot of people in Japan ate tomatoes.
＝ 1925 年ごろには、日本の多くの人たちがトマトを食べるようになっていました。

㊴ Tomatoes are now eaten in many parts of the world.
＝いまでは世界中の多くのところでトマトが食べられています。

㊵ People in Italy eat spaghetti and pizza with tomato *sauce.
＝イタリアの人たちはトマトソースでスパゲティとピザを食べます。

㊶ People in some parts of China eat *fried tomato with eggs.
＝中国のある地域の人たちはトマトを卵と炒めて食べます。

㊷ Many Japanese people like to eat tomatoes without cooking them.
＝日本人の多くはトマトを調理しないまま（＝生そのままで）食べるのが好きです。

㊸ Americans eat hot dogs with tomato ketchup.
＝アメリカ人はホットドッグにトマトケチャップをつけて食べます。

㊹ Tomatoes are used in *a variety of ways like these.
＝こんな風にトマトはさまざまなやり方で使われています。

㊺ You have read that tomatoes grew only in a small part of South America at first.
＝最初に、トマトは南アメリカのある狭い地域にしか

Tomatoes came to Japan (2)in the 17th century. Maybe *Dutch people brought them to Nagasaki. In 1668 Kano Tan-yu painted a picture of tomatoes. It was the first picture of tomatoes in Japan. Most Japanese people did not eat tomatoes at that time, either. In 1854, Japan opened its doors to foreign countries, and then people came to Japan from Europe and America. But it was difficult to get *Western vegetables, so some people started to grow them.

（注） Dutch オランダの　Westurn 西洋の

㉓ Tomatoes came to Japan (2)in the 17th century.
＝トマトは17 世紀に日本に入ってきました。

㉔ Maybe *Dutch people brought them to Nagasaki.
＝おそらくオランダの人たちが長崎に持ち込んだのです。

㉕ In 1668 Kano Tan-yu painted a picture of tomatoes.
＝ 1668 年に狩野探幽がトマトの絵を描きました。

㉖ It was the first picture of tomatoes in Japan.
＝それが日本で最初のトマトの絵でした。

㉗ Most Japanese people did not eat tomatoes at that time, either.
＝当時もまた日本人の多くはトマトを食べていません。

㉘ In 1854, Japan opened its doors to foreign countries, and then people came to Japan from Europe and America.
＝ 1854 年、日本は外国に門戸を開き、それからヨーロッパやアメリカから人々がやって来ました。

㉙ But it was difficult to get *Western vegetables, so some people started to grow them.
＝けれども西洋の野菜を入手するのは難しく、それで西洋野菜を栽培し始めた人たちがいました。

㉓～㉙はトマトが日本に到来したころの話だね。17 世紀と言えば、日本は江戸時代だ。外国との交流をどんどんせばめていって、しまいには中国船とオランダ船しか日本の港（それも長崎だけ）に入れなかった。のちに鎖国と呼ばれるような状態になった。

だから、きっとトマトはオランダ船に乗って来た人が長崎に持ち込んだのだろう、と推測されているというわけだ。

さて、傍線部（2）が第２問だ。

〔問２〕 (2)in the 17th century とあるが、本文の内容から考えて，この時期の状況を正しく表しているものは，次のア～エのうちではどれか。

ア . Many people in Europe did not eat tomatoes.
イ . There were no tomatoes in Europe.
ウ . People in Mexico brought tomatoes to Europe.
エ . Many people in Europe started eating tomatoes.

傍線部（2）から後（㉓～㉙）は、日本の話なのに、問２のア～エはヨーロッパの話だ。つまり、傍線部 (2) より前（⑮～㉒）をしっかり読み取らねばならないということだ。

⑮～㉒を整理すると、こうなる。

ヨーロッパ人がトマトを持ち帰った（⑮）のは 16 世紀の前半だ（⑯）が、はじめは観賞用であって（⑲）食べなかった（⑱）のを、それから約 300 年後に食べ始めた（㉒）。

整理を終えてア～エを読もう。

ア＝ヨーロパ人の多くはトマトを食べなかった。
イ＝ヨーロッパにはトマトがなかった。
ウ＝メキシコの人たちはヨーロッパへトマトをもたらした。
エ＝ヨーロッパの人たちの多くがトマトを食べ出した。

イは⑯に反し、ウは⑮に反する。エも⑱㉒に反する。反しないのはアだけだ。

解答〔問２〕 ア

先へ進むよ。

One of those people was Tsuda Sen. He traveled to the United States in 1867, and studied *modern agriculture. After he came back to Tokyo, he worked for a hotel. He knew that there were [(3)] Western vegetables for his hotel, and so he decided to grow tomatoes and other Western vegetables. He himself ate tomatoes, and *recommended Japanese people around him to eat them. But many people did not because tomatoes did not taste good. Then farmers tried to change the taste and they tasted better. *Gradually people began to eat them. Around 1925 a lot of people in Japan ate tomatoes.

Tomatoes are now eaten in many parts of the world. People in Italy eat spaghetti and pizza with tomato *sauce. People in some parts of China eat *fried tomato with eggs. Many Japanese people like to eat tomatoes without cooking them. Americans eat hot dogs with tomato ketchup. Tomatoes are used in *a variety of ways like these.

You have read that tomatoes grew only in a

※このページは35ページから読んでください。

=トマトが畑で栽培されだす前は、野生のトマトがアンデス山地には生えていました。

⑦ There was a lot of *sunshine and the air was dry there.
=そこは日当たりがたっぷりで空気が乾いていました。

⑧ It was warm during the day, and it was cool during the night.
=昼間は暖かく、夜間は涼しかったのです。

⑨ The weather was really good for tomatoes.
=トマトに本当に適した気候でした。

⑩ Later they *spread to *Central America.
=その後、野生トマトは中米に広がりました。

⑪ People there grew tomatoes and ate them.
=中米の人たちはトマトを植えて育て、食物にしました。

⑫ *Actually, they called the plants *tomatl*.
=じつは、その植物は＜トマトル＞と呼ばれたのです。

⑬ It means a *swelling fruit.
=＜トマトル＞はふくらむ果物という意味です。

⑭ This word was used by people who lived in Mexico.
=メキシコに住む人たちがこの言葉を使いました。

この問題文はトマトについて書かれているんだね。もともとは野生の植物だったトマトが、中米で栽培されて食糧になったんだとわかった。
さて、次に空所が登場する。

[　　　(1)　　　]
One of them was the tomato. It was in the first half of the 16th *century. There were no tomatoes in Europe before that time. Tomatoes were new to people there, and many of them believed that tomatoes made them sick. Tomatoes were things to see. They were not for eating. Many people didn't eat tomatoes *perhaps because they had a stronger smell and a stronger taste at that time. About three hundred years passed before many people in Europe started to eat tomatoes.
（注） century 世紀 perhaps たぶん

空所はいったん置いといて、その先を読もう。

⑮ One of them was the tomato.
=そのうちの1つがトマトでした。

⑯ It was in the first half of the 16th *century.
=それは16世紀の前半でした。

⑰ There were no tomatoes in Europe before that time.
=当時より前にはヨーロッパにトマトはなかったのです。

⑱ Tomatoes were new to people there, and many of them believed that tomatoes made them sick.
=ヨーロッパ人にはトマトは初めてで、食べると病気になると多くの人が信じました。

⑲ Tomatoes were things to see.
=トマトは観賞用でした。

⑳ They were not for eating.
=食用ではなかったのです。

㉑ Many people didn't eat tomatoes *perhaps because they had a stronger smell and a stronger taste at that time.
=当時はおそらくトマトの持つ強い香りと濃い味のせいで多くの人が食べませんでした。

㉒ About three hundred years passed before many people in Europe started to eat tomatoes.
= 300年ほどたってからヨーロッパの多くの人がトマトを食べ始めました。

さて、ここで第1問。

〔問1〕 [　　(1)　　] の中には次の①～④の文が入る。本文の流れに合う最も適切な順序は，下のア～エのうちではどれか。

① But they arrived in Central America.
② They wanted to get to India, and get gold and spice.
③ In 1492, some people in Europe started to go west in a boat.
④ There they found new plants, and brought them back to Europe.

ア．④－①－③－②　　イ．③－②－①－④
ウ．④－③－①－②　　エ．③－①－②－④

これは①～④の文の意味から、あっさり解けるだろう。
①＝だが彼らは中米に到着しました。
②＝彼らはインドへ行って金と香辛料を手に入れたいと思ったのです。
③＝ 1492年、ヨーロッパ人が船で西へ向かいました。
④＝そこで彼らは新しい植物を見つけ、ヨーロッパへ持ち帰りました。
この4つを話の筋道が通るように並べ替えるなら、③－②－①－④しかないね。

解答〔問1〕 イ

先へ進むと、傍線部（2）が出てくる。

教育評論家 正尾 佐の

高校受験指南書

【七拾七の巻】
中2生のための
入試問題入門3

英語

Tasuku Masao

「入門」シリーズの最終回は英語だ。前号までにならって、今号の記事に登場している学校の問題を取り上げよう。

入試問題は解きやすいものから解きにくいものまで、いろいろだ。

公立校志望で英語が苦手の人が「いやだな～」と思うのは、都立高の自校作成問題だろう。長めの問題文が多く、見ただけでうんざりするかもしれない。だが、読んでみればなかなか興味深い内容だ。

戸山もそうで、昨年の第４問は地理や歴史が得意な人が好みそうな問題だよ。

では、問題文を読んでみよう。全文を一気に読まずに、段落に区切って、１文ごとに内容を確認しながら理解してゆくことにしよう（ただし、紙面に限りがあるので、説明が少し大ざっぱになるのを許してほしい）。

最初は空所か傍線が現れるまで、あまり深く考えずに、さぁーっと読み通すといい。

問いがまだ出てこないのだから、よくわからない部分があっても気にしないことだ。

次の文章を読んで、あとの各問に答えなさい。
（＊印のついている単語・語句には、本文の後に（注）がある。）

Do you like tomatoes? A newspaper says that tomatoes are one of the most popular vegetables in Japan. When you hear the word tomato, what word *comes to mind? You may say "healthy" or "delicious." But about three hundred yeas ago, many people did not even try to eat tomatoes. Why?

Before people started to grow tomatoes in their fields, wild tomatoes grew in *the Andes. There was a lot of *sunshine and the air was dry there. It was warm during the day, and it was cool during the night. The weather was really good for tomatoes. Later they *spread to *Central America. People there grew tomatoes and ate them. *Actually, they called the plants *tomatl*. It means a *swelling fruit. This word was used by people who lived in Mexico.

（注） come to mind　思い浮かぶ
the Andes　アンデス山脈　sunshine　日光
spread　広がる　Central America　中央アメリカ
actualy　実は　swelling friut ふくらむ果実

① Do you like tomatoes?　＝トマトは好きですか？

② A newspaper says that tomatoes are one of the most popular vegetables in Japan.
＝新聞にトマトが日本で最も人気のある野菜の１つだと書かれています。

③ When you hear the word tomato, what word *comes to mind?
＝トマトという言葉を耳にすると、どんな言葉が心に浮かびますか？

④ You may say "healthy" or "delicious."
＝「健康にいい」とか「おいしい」とかかもしれませんね。

⑤ But about three hundred yeas ago, many people did not even try to eat tomatoes. Why?
＝でも300年ほど前は、大抵の人がトマトを食べてみようとさえしませんでした。なぜでしょうか？

⑥ Before people started to grow tomatoes in their fields, wild tomatoes grew in *the Andes.

宇津城センセの受験よもやま話

ある老人の口述②

宇津城 靖人先生

早稲田アカデミー　特化ブロック ブロック長
兼 ExiV西日暮里校校長

ああ、こんなところまでわざわざ足を運んでいただいて、すみませんねえ。そうなんです。昨日からこの病院に入院していまして。どうやってここがわかったんですか？　ああ、そうですか。私が救急車で運ばれたりすると、そちらに連絡が入るようになっているんですか。そうですか、いまは老人に優しい時代になりましたねえ。

身体？　ええ、前からわかっていたんで、まあ、ね。そろそろかなあと思っていたんですが。昨日お医者さんとじっくり話をしましたから、もう大丈夫です。そのための準備もしてきましたのでね。

話が聞きたい？　この間の続きを？　大した人生でもありませんが、それでもお聞きになりたいのですか？　じゃあ、どこから話せばいいですかね。頼子が亡くなった日のことは話しましたかね。その後の話？　ではビジネスのことですかね。ええ、わかりました。

妻の葬儀が終わったあと、私の大きな仕事は会社を解散させることでした。前にもお話ししたと思うのですが、私が勤めていたのはレコード針を作る会社でしてね。世の中にCDとかLDとかMDとかが出てきてしまって、それでレコード針は一部のマニアの人にしか需要がなくなってしまったんですよ。それで、会社を存続するか、解散するかという議論になりまして。まあ、結果として解散することが決まったんです。

普通、「解散」っていうとマイナスなイメージがありますでしょう？　なんだか大きな負債を背負って、夜逃げする必要がありそうじゃないですか。でもね、私たちの会社はだれにも負債を背負わせないようにって、前向きに解散しようって努力したんです。本当に大変でした。でもね、おかげさまで、社長をはじめ役員の方々も、管理職も一般職員もみんな負債なんてなにもない状態で、会社を解散することができたんですよ。

その戦いの最中に、娘は家を出て行きました。居なくなる間際はほとんど顔も合わせていません。妻の葬儀が終わったあと、お互いに仕事が忙しくて。朝は私の方が早く起きて、娘が起きる前に家を出ていましたし、夜は大体私が帰るころには、娘は休んでいましたから。ええ、すれ違いでしたね。まったく会話をする時間もありませんでした。

そうなんです。突然なんです。ある晩、家に帰るとダイニングのテーブルに1枚書置きがありまして。ひと言「出て行きます」とだけ書かれていました。

まあ、娘も独立した個人なのだから、「出て行くな」って言うのも変じゃないですか。独力で生きていくのは当然のことですから。ええ、なにも言いませんでした。というか、言えませんでした。連絡先も、引っ越し先もわかりませんでしたから。

娘はきっと、私と2人きりの生活が苦

しかったのだと思います。いつも仕事を優先してきて、家庭を顧みない父親と2人きりで暮らすのは。妻の命よりも仕事を優先させた男の顔を見て生活していくのは、やっぱり苦しいでしょうね。ですが、そのうちフラリと家に戻ってきたりもするだろうなんて楽観的に考えている自分もおりました。真剣に探そうなんて思いつきもしませんでしたよ。

　その3カ月後くらいでしたかね。仕事にあぶれてしまった私は、失業保険と貯蓄でなんとか食いつなぎながら再就職先を探して、日々会社まわりをしておりました。さすがに年齢が年齢でしたから、なかなか思うようなところは見つからなくて。ええ。そうなんです。面接しては蹴られ、面接しては蹴られの毎日でした。不安？　そんなの当たり前じゃないですか。どうやって生きていこうかって、真剣に悩んでいましたよ。まあ、でも、私1人だけの暮らしですから、なんとかなるとは思っていましたが。

　そんなある日、私はお昼時に公園のベンチで昼飯をとっていたんです。昼飯はいつも食パンにハムだのレタスだのを適当に挟んで、マヨネーズをかけただけの安上がりなサンドイッチもどきをラップに包んで持って行っていたんです。ええ、その方が経済的ですからね。季節もすっかり秋めいていて、公園の木々の葉も、黄色や赤に染まりつつありました。秋晴れの鮮やかな水色の空と、黄色・赤色の葉のコントラストがとてもきれいで、私はそこでぼーっと景色を見ながらサンドイッチをほうばっていたんです。

　すると、向かいのベンチに犬を連れたご老人が腰を掛けたんです。女性でしたね。連れている犬はビーグルでしたが、「キョウちゃん。今夜はなにを食べようかねえ」なんて話しかけているんです。しかもそのビーグルは、犬用の服を着させられていました。紺と白のストライプで、縁の部分が赤い糸でデコレートされていて。とても手の込んだ衣装でした。

　私は古い時代の人間ですから「犬畜生」なんて言葉になじみがありましてね。犬を人間と同じように扱うのは間違っていると考えていました。所詮、犬は畜生ですからね。服を着せるなんて人間のエゴでしかなく、犬にとってははた迷惑な話でしかない。そのときも、「なにをこのばあさんは勘違いをしているのだろう」なんて思っていました。当時の私は、犬を家にあげて室内で飼うことも、服を着せることも「不自然なことだ」としか思っていなかったのですね。

　しかしながら、翌日もその公園のベンチに行くと、また同じおばあさんが犬を連れてベンチに腰を掛けていたんです。しかも犬が着ている服がグリーンのものに変わっていたんですよ。その服には使わないのにフードまでついているんです。犬がフードをかぶっているところなんて見たことがないでしょう？「ああ、このばあさんは犬が生きがいなんだろうなあ」とちょっと同情めいた気持ちを抱いたんです。それが始まりでした。

　昼飯を食べ終わると、私は公園を歩いて回ったんです。するとそのおばあさんだけじゃない、何人ものご老人たちが犬を連れて散歩していた。公園を一回りしただけで、都合10組くらいの飼い主と犬たちとすれ違いましたかね。そのとき、「ああ、これだ」とインスピレーションが湧いたんです。「少子化」って言われ始めたころです。これから子どもが減っていく。そして子どもは独立すると家を出て行く。外で自分の家族を作る。だから親は親だけで暮らす。ここにニーズが生まれる。犬や猫などのペットが、子育てを終えた親たちの心に癒しを与えるようになる。そこに商売のヒントがある。そう思ったんですね。

　それからは勉強の日々でした。ペットショップをやろう、しかもペットのグッズも作ろうって。欲張りでしたからね。私は動物のことをまったく知りませんでしたから、そこから始めました。犬をどう仕入れて、どう売るのか。最初は皆目見当もつきませんでした。

　でもね、必死に動いていると自然と出会いがあるもので、そういう商売のルートに詳しい人と親しくなったんです。それが、いま、社長をしている人間なんですけど。さらに服とか、首輪とか、リードとか、飼い主が「自分の子だけの特別な」ものが欲しいだろう、きっと作ったら売れるだろうと思っていたんで、オリジナルを作ることにしたんですね。ですが、私も彼もデザインなんてできませんでしたから、困っていたんです。そこでデザインのできる人を募集しようって飲みながら相談していたら、たまたま美大を出たばかりの人間が隣のテーブルで飲んでいましてね。ええ、奇跡的な出会いでしたね。これはいま、取締役をやっております。

　単なるペットショップに成り下がらないために、価格帯を高めに設定することでプレミア感をだそうと、そのためには出店場所を高級感のある土地に限定しようということになりまして。ええ、下町のペットショップだと、なんだか「安い犬＝駄犬」みたいなイメージがつきまとうじゃあないですか。普通じゃない、ウチの子は「特別な子」というプレミア感が大切だと思うのですね。それが他社との差別化につながると信じて決めました。その分、借金はかさみましたけれど。

　娘ですか？　いや、ビジネスで成功しても一向に連絡はありませんでした。私もいろいろなメディアに取り上げてもらうたびに、娘がどこかで見てくれているんじゃないか、連絡をくれるんじゃないかと期待をしていたんですが。そうですねえ。死ぬ前に一度だけでも孫と話をしてみたいという願望はありますが。え、財産ですか？　そうですね、世襲制の会社にしませんでしたから、いまは会社は人のものです。私はとくになにも持たずに逝きます。お金はあの世には持っていけませんからねえ。わはは。

国語　東大入試突破への現国の習慣

作問者の視点から読解の問題を考えてみよう！ネゴシエートの感覚で国語の問題に迫るのです。

田《た》中《なか》 利《とし》周《かね》先生

早稲田アカデミー教務企画顧問

東京大学文学部卒。東京大学大学院人文科学研究科修士課程修了。文教委員会委員。現国や日本史などの受験参考書の著作も多数。早稲田アカデミー「東大100名合格プロジェクト」メンバー。

グレーゾーンに照準！今月のオトナの言い回し「折り合いをつける」

また新しい季節が巡ってきました。春の新学期というのは何かしら心が騒ぎますね、この歳になっても（笑）。

はじめてお目にかかる皆さんも多いと思われますので、この連載の趣旨を簡単に述べておきたいと思います。タイトルにもあります通り、東大合格につながるような読解力の養成を目標としています！　中学生の皆さんには、随分と遠い未来に向けての計画のように思われるかもしれませんが、読解力の向上は「一日にして成らず」です。日々の習慣を見直して、一歩一歩、精神的成熟という「オトナの階段」をのぼることが、何よりも大切になってきます。そのための手助けとして、一緒に「オトナの教養」を身につけていこう！　というのがこのコーナーの趣旨になるのです。毎回、オトナの事情を反映した「言い回し」や「四字熟語」を取り上げて解説していきますからね。

そもそも、なぜ「オトナ」を目指さなくてはならないのでしょうか？　オトナになりさえすれば国語の成績は上がりテストでも点数が取れるようになる！　とでも言うのでしょうか？　結論から言いましょう。「その通り」です。君たちよりも曲がりなりにも人生を長く生きているというだけで、オトナは「国語ができる」と断言できてしまうのです。「ホントなの？」という声が聞こえてきそうですが、ある程度人生経験を積んでくれば、国語は自然にできるようになるとも言えるのですよ。ですから、そういきり立たないでくださいね。実は「国語ができる」なんてことは、そんなに自慢できるものでもないのですよ（笑）。それは、芸術的な感性であるとか、文学的な才能とは、無関係なことがらなのですから。

では、世の中の「社会人」と呼ばれているオトナが身につけていることって何なのでしょうか？　それは、他人との良好な関係を維持することを迫られるような社会的ポジションにつくと、好むと好まざるとにかかわらず、身についてしまうもの…と言うと難しそうですが、実は大したことではありません。白か黒か、はっきり言ってしまうとお互いに都合が悪い場合は、グレーゾーンで折り合いをつけた方がいいですよね、と了解しているということです。分かりやすく言うと「自分を主張するだけでは世の中では通じないですよね」ということを、経験的に知っているということです。ある点においては「すっかりあきらめた」態度だとも言えます。でもこれは痛い目にでもあわないとなかなか身につかないことでもあるのですよ。

　中学生の頃は、とりわけ「他人と違う」ということにこそ自分のあり方を見出そうとする時期だと思います。「アイツが白なら、オレは黒だ！」と。そうした健全な自負心は精神的な成長にとって必要不可欠なものだと思います。だからこそ、この時期に「国語ができない！」と悩む生徒が多くなるのだとも思います。議論の前提となるべき「共通の理解」を求められる国語の読解では、「他人と違わない」ことにこそ照準を合わせ、いわば妥協点を探ろうとする態度こそが必須なわけですから。多感な中学生であればあるほど、なんとなく面白くない態度に思えてしまいますよね。

　ここで「オトナ」と表記することで表現しようとしているのは、こうした面白くもない態度を甘んじて受け入れられるようになった人物、と理解しておいてください。そして国語の読解の際に求められる態度とは、まさに「このあたりでいかがでしょうか？」とおおよその線で折り合いをつけようとするスタンスに立つことに他ならないのです。それは端的に言えば「自分を捨てること」でもあります。なかなか割り切れるものではないでしょう？　でも、このことを意識するだけで、国語の得点力は確実に上がるのです。

　さてさて、今回取り上げた「折り合いをつける」という言い回しですが、すでにこの文章中に二度も登場していることにお気づきだったでしょうか？

　「折り合いをつける」とは「ネゴシエート（交渉）」のことだ！　とおっしゃるのは思想家で武道家の内田樹先生です。筆者が、お手本とすべき「オトナ」の一人として数えている先生になります。では、そもそも国語の読解においては、一体誰と「交渉」するというのでしょうか？　テスト問題には、出典となった作品の「作者」が存在します。ならば、その作者の意見に従えばよいのでしょうか？　そうとも言い切れません。テストを作成したのは作者ではないからです。テスト問題の「作問者」という、受験生よりも先に出題文を解釈して、それに基づいて設問を作り上げている人物。この存在を忘れてはならないのです。国語の読解で最も大切なのは、この作問者の意図を探ることなのです。作者・作問者・受験生、この三者の間で「折り合いをつける」こと。そしてネゴシエートの相手はあくまでも作問者であるということ。これが受験生としての読解の基本的スタンスになるのですよ。

慇・懃・無・礼?!
今月のオトナの四字熟語「現状維持」

　テレビのバラエティー番組の中で、司会者が出演者に対して「今年の目標を掲げてください」と新年の抱負をたずねるシーンがありました。出演者の一人である「かつて一世を風靡したお笑い芸人」（スギちゃんではないですよ）が、高らかに宣言したのがこの四字熟語、「現状維持」でした。「新しい年を迎えるにあたり、これからやるぞ！　というタイミングで、なんて後ろ向きな抱負なんだ…」という、あきれた空気がスタジオ内を覆ったのは言うまでもありませんが、この言葉を聞いた筆者は「なかなかに含蓄のある、オトナのセリフだな」と、思った次第です。

　浮き沈みの激しい芸能界で、一度でも「売れっ子」になった経験を持つ芸人が、「現状維持＝（なんとかこのままでいること）」を望むことは、極めて真っ当であると言えるでしょう。つまり「売れ続けること」を目指しているわけですから。決して後ろ向きな発想ではないのです。「一発ギャグ」で売れたとしても、次が続かなければ消えていってしまう。現状を維持するためには、どれほどの苦労がそこにあるというのか。もちろん筆者にはうかがい知ることもできませんが、想像するだに、過酷な日々の積み重ねがあるように思われます。

　ひるがえって、日々学習を積み重ねている皆さん方のことを考えてみたいと思います。ぜひ「新学年を迎えた抱負」として、この「現状維持」という四字熟語を、堂々と宣言できるようになってほしいのです！　お分かりですよね。「成績を上げたい！」というのは前向きな抱負ではあるのですが、それは「低迷し続ける成績」という現状があるからです。それに対して「現状維持」と表明できるということは、すでに満足のできる成績を手に入れている、ということなのですから。そしてこのセリフを口にすることができるのは、「満足のいく成績を維持するためには、いかなる努力も惜しまない！」という覚悟でもって日々の学習にあたっている者だけなのですから。決して「そこそこの成績で満足していますから、このまま、そこそこ頑張っていきます」という中途半端な態度であってはなりません。

　「私の新学年での目標は、あくまでも現状維持です。」なんて、カッコイイと思いませんか？　え、イヤミが過ぎるって？

問題2

(1)　1つのさいころを2回投げるとき、2回目に出た目の数が、1回目に出た目の数の約数となる確率を求めなさい。　(群馬県)

(2)　1から6までの目の出るさいころを1つ投げ、奇数の目が出た場合は出た目の数を得点とし、偶数の目が出た場合は出た目の数の2倍の数を得点とする。

さいころを2回投げ、1回目の得点をa、2回目の得点をbとするとき、$a+b$の値が1けたの素数となる確率を求めよ。

ただし、さいころの1から6までのどの目が出ることも同様に確からしいものとする。

(都立・西)

<考え方>

(1)　さいころを2回投げる場合、目の出方の総数は6×6＝36通り。条件に当てはまる場合の数は、表を用いて調べていくのが確実でしょう。

(2)　さいころの目と得点の関係は右の通りです。

出た目	1	2	3	4	5	6
得点	1	4	3	8	5	12

1桁の素数は2、3、5、7だから、4以上の目が1回でも出ると$a+b$の値は1桁の素数にならないので、考察から除外します。

<解き方>

(1)　右の表から14通りあるので、$\frac{14}{36}=\frac{7}{18}$

1回目	1	2		3		4			5		6			
2回目	1	1	2	1	3	1	2	4	1	5	1	2	3	6

(2)　右の表から5通りあるので、$\frac{5}{36}$

a	1		4		3
b	1	4	1	3	4

袋のなかからカードや球を取り出す問題も確認しておきましょう。

問題3

(1)　4枚のカード 1、1、2、3が入っている袋から、続けて2枚のカードを引く。ただし、引いたカードはもとに戻さないものとする。このとき、1枚目に引いたカードの数字より2枚目に引いたカードの数字のほうが大きくなる確率を求めよ。　(東大寺学園)

(2)　袋Aには、3、6、9の番号の書かれた球が1個ずつ計3個、袋Bには4、5、7、8の番号の書かれた球が1個ずつ計4個入っている。

Aから1個、Bから2個の球を取り出したとき、番号が最大である球がBから取り出される確率を求めよ。　(筑波大附属)

<考え方>

(1)　2枚の1のカードを区別できるものとして計算しなくていけません（同色の球の入った袋から球を取り出す問題などでも同様です)。

(2)　Aから取り出した球に書かれている番号によって場合分けしていきます。

<解き方>

(1)　2枚の1のカードをそれぞれ1a、1bとすると、

1回目	1a		1b		2
2回目	2	3	2	3	3

続けて2枚のカードを引く場合の数は、全部で4×3＝12通り。このうち、1枚目に引いたカードの数字より2枚目に引いたカードの数字の方が大きくなるのは、右の表より5通り。よって、その確率は$\frac{5}{12}$

(2)　Aからは3通りの取り出し方があり、Bからは、(4, 5)、(4, 7)、(4, 8)、(5, 7)、(5, 8)、(7, 8）の6通りの取り出し方があるので、取り出し方の総数は3×6＝18通り。

このうち番号が最大である球がBから取り出される場合は、

(ア)Aから3が取り出されたとき、Bのどの組み合わせでも条件を満たすので6通り

(イ)Aから6が取り出されたとき、条件を満たすのはBの（4, 5）の組み合わせ以外の5通り

(ア)、(イ）より、$\frac{6+5}{18}=\frac{11}{18}$

確率の問題では、問題2(2）や問題3(2）のように、どのような場合に条件を満たすのかがわかりにくいときがしばしばあります。ポイントをつかむためにも、解説を読んだあとにもう一度自分で解きなおしてみてください。計算が複雑になることはあまりありませんから、いろいろなタイプの問題に挑戦して解き方のコツをつかみ、確率を得意分野にしていきましょう。

今月は「確率」について学習していきます。はじめに、確率の求め方を確認しておきましょう。

確率の求め方

起こる場合が全部でn通りあり、どれも同様に確からしいとする。

そのうち、ことがらAの起こる場合がa通りであるとき、

ことがらAの起こる確率　$p=\frac{a}{n}$

中学校で学習する確率では、樹形図や表を利用してすべての場合を調べあげるのが基本です。しかし、サイコロを３つ以上投げる場合や、６枚以上あるカードのなかから２枚またはそれ以上の枚数のカードを引く場合など、総数がかなり多くなる問題が出ることもあります。そのようなとき、樹形図の「枝別れの仕方」が規則的であれば、それを利用して総数を計算で求めることも必要でしょう。あることがらの起こり方の総数が多いほど、書きあげるのが大変なうえにミスを犯しやすくなるからです。

また、樹形図や表を書くときには、数の小さい順やABC順など、書きあげる順番のルールを決め、そのルールに忠実に従って書きあげていくことが、もれや重複を防ぐうえでとても大切です。

それではじめに、上の確率の公式にそのまま当てはめる問題から。

問題１

袋Aの中に、n本の当たりくじを含む42本のくじがあります。また、袋Bの中に、$3n$本のはずれくじを含む70本のくじがあります。袋Aからくじを１本引いたときに当たりである確率と、袋Bからくじを１本引いたときに当たりである確率が等しいとき、nの値を求めなさい。

（中央大学杉並）

<解き方>

袋Aからくじを１本引いたときに当たりである確率

$\frac{n}{42}$

袋Bからくじを１本引いたときに当たりである確率

$\frac{70-3n}{70}$

よって、$\frac{n}{42}=\frac{70-3n}{70}$を解いて、$n=15$

続いて、出題される割合が最も多いさいころの問題を見ていきましょう。

数学

楽しみmath 数学！DX

確率の問題に慣れ コツを掴んで得意分野に

登木 隆司先生

早稲田アカデミー　城北ブロック ブロック長
兼 池袋校校長

Snow White and the Seven Dwarfs

だいぶ暖かくなってきましたね。新学期が始まりましたが、充実した日々を送っていますか？　5月に定期テストがあるという人もいるかもしれませんね。目標を持つことは大事です。それは勉強面でもそうですし、生活面でもそうです。目標を持つことが充実した日々を送ることにつながるとも言えます。さあ、頑張りましょう。

さて今回取りあげるのはBrüder Grimm（グリム兄弟）著『Snow White and the Seven Dwarfs（白雪姫）』からのフレーズです。この『白雪姫』はグリム兄弟によって書かれた話で、1937年にウォルト・ディズニーによって映画化されました（この『Snow White and the Seven Dwarfs』というタイトルは、ディズニー映画から来たもので、原作はドイツ語で『Schneeweißchen』と言います）。

ある国に「白雪姫」と称される非常に美しい王女がいました。彼女の継母である王妃は自分が一番美しいと信じていました。しかし、白雪姫が７歳になったときのことです（今回はこの場面を取りあげています）、白雪姫は継母よりも美しくなってしまいます。そして怒った継母は白雪姫のことを…。という話です。白雪姫はどうなってしまうのか？　機会があればぜひ読んでみてください。また、ディズニー版のアニメはDVDになっています。日本語吹き替えではなく、英語版を見るのも勉強に役立ちますよ。それではまた来月！

今回学習するフレーズ

But snow-white was growing up, and grew ①more and more beautiful, and when she was seven years old she was ②as beautiful as the day, and ③more beautiful than the queen herself.

全　訳

しかし、白雪姫は大きくなるにつれて、だんだん美しくなってきました。そして、彼女が７歳になったときには、青々と晴れた日のように美しくなって、女王様よりもずっと美しくなりました。

Grammar＆Vocabulary

①　比較級 and 比較級	だんだん～・ますます～ (ex) It is getting hotter and hotter.　(hotter ⇒ hotの比較級) 「だんだん暖かくなってきている」
②　A is as ～ as B	AはBと同じくらい～だ。Aの～はBに匹敵する。 (ex) She is as busy as a bee.　(bee =「ハチ」) 「彼女はとても忙しい」
③　A is 比較級 than B	AはBより～だ。 (ex) This book is more interesting than that one. 「この本はあの本よりもおもしろい」

英語　英語で読む名作

川村 宏一先生
早稲田アカデミー　教務部中学課　上席専門職

あれも日本語 これも日本語

第39回

「ガチ」ってどんな意味？

「ガチ」という言葉が若い人たちの間ではやっているね。でもこの言葉は、広辞苑をはじめ、おもな国語辞典には載っていないんだ。使われ始めたのはここ10数年で、しかも若い人限定の言葉と考えられているからだろうね。

「ガチ」の語源は2つあると言われている。1つは「ガチガチ」。大正時代から使われ出したという説もあるけど、堅い物が触れあう音から、「堅物」を意味するようになり、転じて融通のきかない頑固者を指すようになった。

「あいつはガチガチなヤツだ」って感じで使われる。あまりいい意味じゃないね。

もう1つは「ガチンコ」といって、相撲《すもう》で力士同士が、お互い本気でぶつかりあう音から出た言葉と言われている。

相撲での立ちあいは、自分と相手の額をぶつけるようにして立ちあう。そのとき、額と額がぶつかる音が「ガチンコ」というわけだ。

一昨年、大相撲で八百長問題が取りざたされたときに、「力士がガチンコ勝負をしないで、無気力相撲をとっている」などと非難されたけど、その「ガチンコ」のことなんだ。額と額をぶつけて立ちあうのはかなり痛いらしく、なかには逃げ出すお相撲さんもいるんだとか。意味は「真剣勝負」だね。

この「ガチガチ」と「ガチンコ」が合わさって、省略されて「ガチ」になったらしい。

最近よく使われる「あいつはガチだから」なんて場合は、「頑固者」か「超真面目」という意味だよね。「彼は結構ガチな人です」と言うと、頑固者という意味もあるけど、真面目、真剣な人というニュアンスもある。

さらに、クラブ活動なんかで「もっとガチにやれよ」となると、真剣にやれという意味だ。

「ガチ本」というのもある。真面目に解説をしている本という意味だ。難解な本という意味でも使う。さらに「いま、英語をガチでやってる」と言うと、真面目に英語に取り組んでいるという意味。「ガチ勢《ぜい》」という言い方もあるようだ。

こうしてみると、「ガチ」の意味は結構幅広いし、歴史もあるけど、大人の社会ではまだまだ認知にはいたっていないようだね。

みんなの数学広場

TEXT BY かずはじめ

数学を子どもたちに、楽しく、わかりやすく、使ってもらえるように日夜研究している。好きな言葉は、"笑う門には福来る"。

問題編

初級～上級までの各問題に生徒たちが答えています。どの生徒が正しい答えを言っているか当ててみよう。もちろん、当てずっぽうじゃなく、実際に問題を解いてみてね。

答えは次のページ

上級

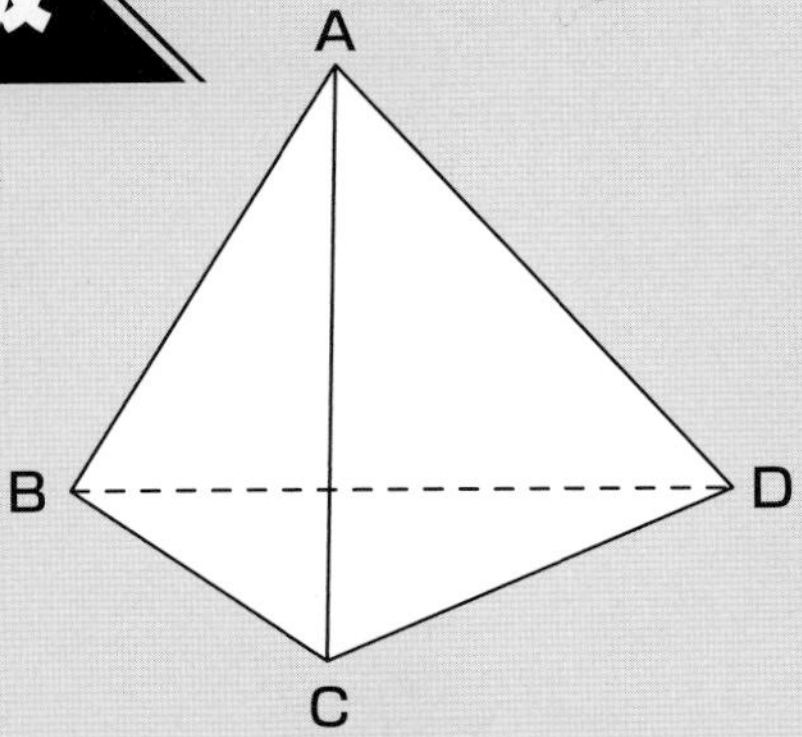

正四面体 ABCD の体積を V_1 とするとき各面の重心をすべて結んでできる四面体の体積を V_2 とすれば $V_1 : V_2$ はいくらになるか。

A

答えは…

2：1

ちょうど半分です。

B

答えは…

3：1

重心を 2:1 に内分とか…。

C

答えは…

27：1

相似比は 3：1 だよね。

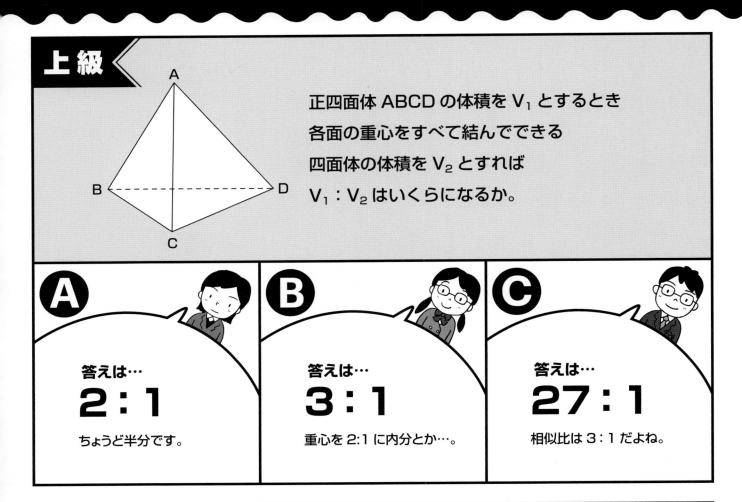

中級

父の遺言によると
「全財産の$\frac{1}{2}$を妻に、全財産の$\frac{1}{4}$を長男に、全財産の$\frac{1}{6}$を次男に分け与えよ」とありました。全財産は 1 億 1000 万円でした。
この 1 億 1000 万円を遺言通りに分けると次男への$\frac{1}{6}$は割り切れません。
家族の困った様子を見た葬儀屋さんが
「私が一肌抜きましょう！」そう言うと 1000 万円の小切手を出し、一時的に貸してくれるというのです。そうすると全財産は 1 億 2000 万円。
奥さんはこの$\frac{1}{2}$の 6000 万円　長男はこの$\frac{1}{4}$の 3000 万円
次男はこの$\frac{1}{6}$の 2000 万円　ここまでで合計が 1 億 1000 万円です。
「一時的にお貸しした 1000 万円を私に返してもらえれば
キレイに分けられるでしょ」
さて、これで正しかったのでしょうか。

A

答えは…
正しい!
みんな納得でしょ。

B

答えは…
正しくない。
もともと 1 億 1000 万しかないんだよ。

C

答えは…
これに限って正しい!
みんなちょうどいいよね。

初級

「全能の神は、内角の和が 180° でない三角形をつくることができるだろうか」
12 世紀の後半、スペインのイブン・ルシュドは言いました。
イブン・ルシュドはどんな職業についていたでしょうか。

A

答えは…
画家
幾何学模様が得意だったはず。

B

答えは…
哲学者
難しいことを言ってるから。

C

答えは…
歌手
そんな歌詞を作ったんじゃない?

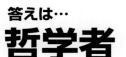

解答編

上級

正解は　答え C

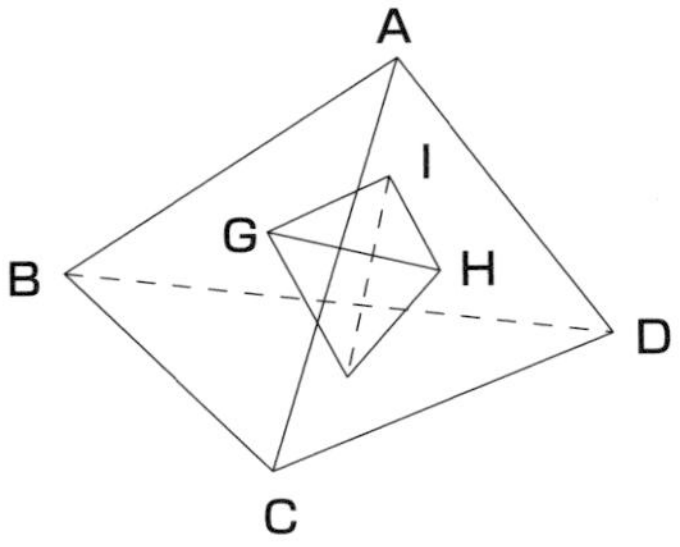

△ABC の重心を G
△ACD の重心を H
△ABD の重心を I とします。

重心の性質から

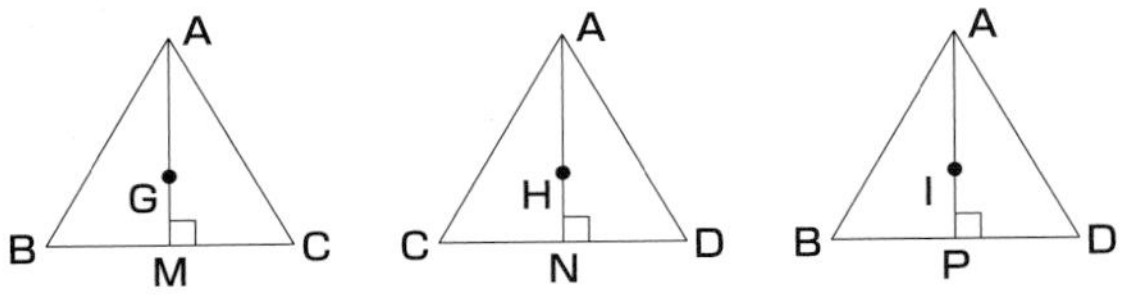

BC、CD、BD の中点をそれぞれ M、N、P とすれば
AG : GM = AH : HN = AI : IP = 2 : 1 です。

ここで正四面体 ABCD を A の側から見ると
（上から）

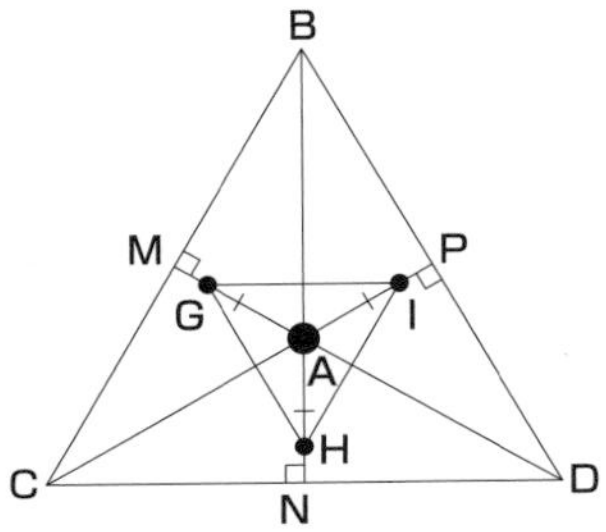

△MNP は正三角形になります。

このとき $GH = \frac{2}{3}MN$
$= \frac{2}{3} \times \frac{1}{2}BD$
$= \frac{1}{3}BD$

$MN = \frac{1}{2}BD$

つまり求める△MNP を1つの面とする正四面体の1辺はもとの正四面体 ABCD の $\frac{1}{3}$ になります。

よって、相似比は 3 : 1 より
体積比は $V_1 : V_2 = 3^3 : 1^3 = 27 : 1$

考えが甘すぎます。

重心まではよかったんですが。

中級

正解は 答え **B**

一見正しそうなこの話。

よく読むと大きな落とし穴が2つあります。

1つ目は「全財産」。

実は全財産は 1 億 1000 万円です。

葬儀屋は 1000 万円を貸すことで
全財産を 1 億 2000 万円にしていますが、ここが間違い。

2つ目は、全財産の$\frac{1}{2}$、$\frac{1}{4}$、$\frac{1}{6}$を合計すると

$$\frac{1}{2}+\frac{1}{4}+\frac{1}{6}=\frac{11}{12}$$

つまり、もともと$\frac{1}{12}$あまることになります。

遺言に不備があったのですね。

TOO BAD
まんまと騙されましたね!
B
Congraturation
TOO BAD
そんな都合のよい話はありません。

初級

正解は 答え **B**

イブン・ルシュド（1126 ～ 1198）は哲学者でもあり、医者でもありました。

医学百科事典を書いたことでも有名です。

A
TOO BAD
それは誰のことを言ってるの?
B
Congraturation
C
TOO BAD
そんな歌詞じゃ売れないでしょ!

先輩に聞け！

大学ナビゲーター

明治大学

法学部法律学科3年

保《ほ》坂《さか》　巧《たくみ》さん

浪人して掴んだ法学部への合格

――明治大学の法学部に入学した経緯を教えてください。

「昔から検察官に憧れていたのと、高校で大日本国憲法や日本国憲法を勉強しているときに法律に興味を持ったことがきっかけです。法学部は入試で日本史を使う大学が多く、得意科目もちょうど日本史だったので、得意分野を活かせるということもあり法学部をめざしました。ところが、高校のころは野球部の練習に打ちこんでいたので、なかなか勉強時間が確保できず、引退してからの受験勉強だけでは法学部には届きませんでした。それから1年間浪人し、明治大の法学部に入学しました。」

――浪人生活は大変でしたか。

「朝から終電が近くなるまで、予備校で勉強する毎日でした。予備校の先生は勉強以

楽しくなりました

【明治大の雰囲気】

青山学院大や慶應大はおしゃれな雰囲気だとよく聞きますが、明治大はわいわいしていて楽しく、いい意味でラフです。

1・2年生がおもに使用する和泉《いずみ》校舎には、すごく大きな図書館が新しく併設されました。3・4年生が使用する御茶ノ水校舎の方も図書館は充実しています。

【法学部の変わった講義】

法学部の講義なのに、法律とはまったく関係ないことを学ぶこともあります。

自由講座という選択の講義で、私は韓流ドラマが好きな教授の講義を選択しました。毎週講義中に教授が好きな韓流ドラマを見て、感想を提出するという変わった内容でした。ほかにも音楽が好きな教授の講義では、いろいろな国の音楽を聴くものもあります。その講義では、みんなの前に出て楽器の演奏を披露した生徒はいい成績がもらえます。

野球サークルでピッチャーとして活躍する保坂さん

ダンスサークルの集合写真

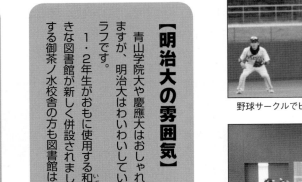

外にもさまざまなことを教えてくれました。その1年は、自分にとって大学に進む前の考える時間でもあり、ものの考え方も変わったので、浪人して得たものも大きかったといまでは思います。」

――大学ではどのような勉強をしていますか。

「1年生では、憲法総論という憲法の意義を学びます。2年生は、ヨーロッパ法や刑事訴訟法などの細かい分野を学んでいきます。3年生になると、その分野からさらに自分が学びたいものを選択していくという感じです。勉強は暗記も多く、テスト前は本当に大変です。」

――印象に残っている講義はありますか。

「毎回違う講師の講義が聞ける『現代法入門』という授業です。弁護士の方や検察官の方も講師として来てくださいます。企業の方が来てくださったときは、法律を使ったトラブル対処法を教えていただきました。毎回、実際の現場の生の声が聞けるのでとても楽しかったです。」

やればできると自信がついた高校受験

――高校受験のときのことについて教えてください。

「中学のころから野球に没頭していて、学年での成績の順位はいつも半分より下でした。中2の夏から塾に通い始めると、ぐんぐん成績が伸び、2学期の定期テストでは学年で2位になり、それからはつねに5位以内に入るようになりました。大学受験のときとは逆で、高校受験ではいい結果が得られ、県立浦和高に進学しました。」

――どのような方法で勉強していましたか。

「同じテキストを何度も解いて、間違えなくなるまで繰り返していました。完璧にその1冊ができるようになったら、次のテキストに取り組みます。わからないところはすぐに塾の先生に聞くように心がけました。もともと勉強は苦手でしたが、自分に合った勉強法が見つかると勉強も楽しく感じられるようになりました。勉強ができないのはやっていないだけで、やればできるのだという自信もつきました。」

――苦手教科はどう克服しましたか。

「数学が苦手だったので、3桁の足し算など、『算数』の基礎から勉強しなおしました。そのあとに数学の基礎問題を解いてみると、算数の応用ということがわかり抵抗なく解けました。苦手なものは、基礎から取り組むことでできるようになります。それは勉強でもなににおいても、大切にしていることです。」

――受験生の読者にメッセージをお願いします。

「自分で壁を作って途中で諦めないでください。勉強方法がわからない人はだれかに相談して、早く自分なりの勉強法を見つけられるようにするといいと思います。」

自分なりの勉強法を見つけて苦手な勉強も

【大学でのサークル活動】

野球サークルとダンスサークルに所属しています。

野球は中学からずっと続けていて、ポジションはピッチャーをやっています。ダンスは大学に入ったときに、なにか新しいことをやってみたくて始めました。全員で30人くらいですが、そのうち男子は2人だけで頑張っています。ストリート系のダンスを学園祭で踊ったり、イベントにも出て踊ります。

野球サークルもダンスサークルも、合宿や旅行に行ったりとアットホームな雰囲気です。2つもサークルに所属していると、放課後は毎日どちらかの練習があるので、勉強との両立がなかなか大変です。

【行事が盛んな浦和高】

県立浦和高は文武両道の高校で、それを表しているのが3年間で行われるさまざまな行事です。

定期試験が終わるごとに行われるスポーツ大会では、サッカー、ラグビー、バレーボール、剣道、柔道などをクラス対抗で戦います。学年末にはその年の優勝クラスが決まるので、優勝を狙ってみんなで団結します。試験前にもかかわらず、朝練があったこともありました。

また、スポーツ大会とは別で、綱引き大会もあります。毎年生徒よりも先生がたが強いのですが、私のクラスは先生がたに勝った思い出があります。

男子校なので、文化祭でも、トンカチやカンナを使ってさまざまな装飾物を作ったり、まさに男の文化祭という感じでした。

学校全体で行事に対する意気込みがすごかったので、行事が好きな人なら充実した高校生活が送れる学校だと思います。

教えてマナビー先生！
世界の先端技術

小型人工衛星

若者の夢を乗せて 学生たちが制作した 小型衛星が宇宙に飛躍

プロフィール

日本の某大学院を卒業後海外で研究者として働いていたが、和食が恋しくなり帰国。しかし科学に関する本を読んでいると食事をすることすら忘れてしまうという、自他ともに認める“科学オタク”。

2012年10月4日、日本人宇宙飛行士の星出彰彦さんによって宇宙に放出された3つの小型人工衛星　提供：宇宙航空研究開発機構（JAXA）

人工衛星の開発は国家レベルで行われ、巨額の費用がかかることで知られている。開発には精密な技術も必要だし、一般の人たちにはできるわけがない、とこれまでは思われてきた。ところが、それができるんだよ。そんな夢を実現してくれたのが、今回紹介するCubesat（キューブサット）だ。これは大学などが研究用に開発する小型人工衛星の規格のことで、すでに多くの大学が、この規格に合わせた独自の衛星を作り、研究に役立てている。では、どんな規格で、どんなことができるのだろうか。

基本の大きさは10㎝の立方体だ。小さいけれど、いまの技術で作ればいろいろな研究装置を積むことができる。規格を小さくしたのはなぜかというと、打ち上げ時に一番お金がかかるのは衛星を軌道にあげることで、重量が増せばそれだけ大変になるからだ。

小さい規格に統一されているので、まとめて打ち上げることができるのもポイントだ。大学生が企画、設計、制作、打ちあげ後の操作をも自分たちの手でできることが重要で、もちろんできるだけお金がかからないように作ることも課題となっている。大学生のときから宇宙技術に直に触れ、勉強ができるようにと考え出されたわけだ。

もちろん日本の大学も多くの小型衛星を使って研究を続けている。日本人宇宙飛行士の星出彰彦さんがＩＳＳ（国際宇宙ステーション）に滞在していた2012年、無人宇宙補給機「こうのとり」で、日本の大学生が作った３機の小型衛星を運んでもらい、ロボットアームを操作して放出したニュースを知っている人も多いだろう。いままでは人口衛星と言えばロケットに載せて打ちあげるものだったけれど、このとき初めてロボットアームを使って放出したんだ。

このときの小型衛星は、和歌山大、福岡工業大などが作ったもので、特殊なカメラによる地球の撮影や、宇宙との通信研究を目的に作られたものだった。

福岡工業大の小型衛星は、宇宙の研究をおもにはしていない、いわば素人の学生たちが作ったものだったけれど、いまでも地球を回って研究を続けているよ。選ばれた人でなくても人工衛星を自分の研究に使える時代が来たんだね。

あたまをよくする健康

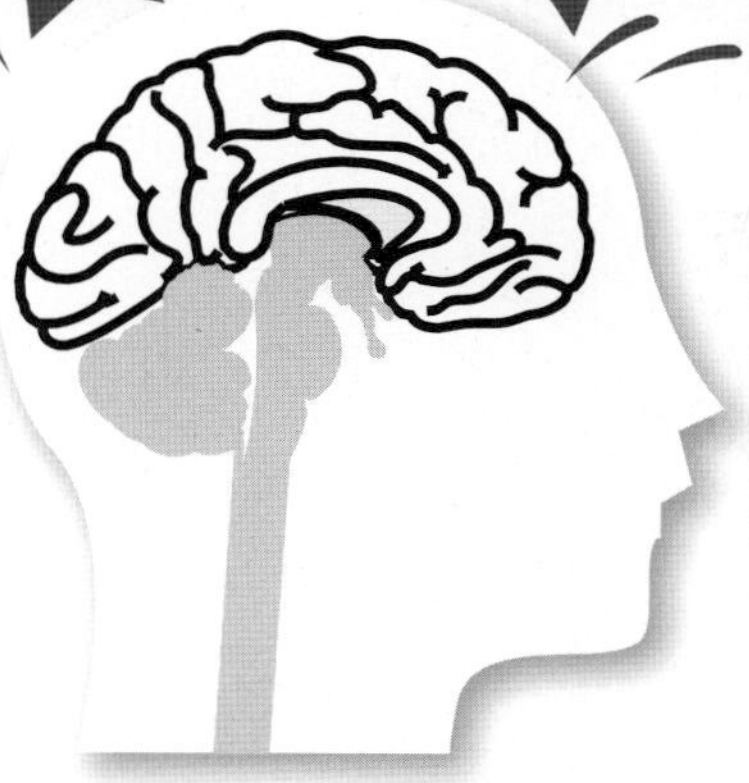

ナースであり
ママであり
いつも元気な
FUMIYOが
みなさんを
元気にします！

by FUMIYO

今月のテーマ

虫さされ

ハロー！　FUMIYOです。寒い冬も終わりを告げ、暖かい春がやってきました。カラフルな花々が咲き始め、虫たちも花の蜜を求めて姿を見せるようになりましたね。さて、みんなは虫に強い？　私は虫が近くにくると「キャーッ」と言って逃げてしまうくらいの恐がりです。ハチが近くに飛んできようものなら、パニックになってしまいます。春は気候がよくて好きなのですが、虫に刺されたらどうしよう…と不安を感じ始める季節でもありますね。

虫さされと聞くと、蚊、ハチ、ダニ、クモ、ノミ…などが浮かびますが、そんな虫たちもいくつかの種類に分けられます。

血を吸う虫…蚊、ブユ（ブヨ）、アブ、ノミ、ダニなど。室内や公園などいたるところに生息しています。刺されると赤い発疹とかゆみが現れます。

刺す虫…ハチなど。とくにスズメバチ、アシナガバチの被害が多く、刺された際、激しい痛みがあり、赤く皮膚の炎症を起こします。

咬《か》む虫…クモ、ムカデなど。咬まれると痛みを感じることが多く、咬まれたところは赤く腫《は》れます。

それでは、虫に刺されないようにするためには、どのような対策をすればいいのでしょうか？

1．血を吸う虫の場合

血を吸われないように、アウトドアでは、皮膚を出さないように長ズボンや長袖のシャツなどを着ましょう。また虫が近づかないように、虫除けスプレーを使うのも効果的です。

2．刺す虫の場合

まずは、刺す虫に近寄らない！　とくに夏から秋の屋外は注意が必要です。香水やヘアスプレーなどの香りがハチを刺激することがあるので、アウトドアの際はそれらの使用は控えましょう。

ハチは１度目より２度目に刺されたときに、強いアレルギー反応を起こすことがあり、呼吸困難になったりすることがあるので要注意です。

3．咬む虫の場合

草むらや、家のなかなどにいます。草むらのなかに入るときは、長袖の洋服を着ましょう。種類によっては、呼吸困難や、強い痛みを引き起こすことがあります。

私たちは、気づかないうちに虫に刺されていることが多く、どんな虫に刺されたのかわからないこともしばしば。刺されたあとに、いままでに経験したことのない痛みや、つらさを感じたら、すぐに病院へ行きましょう！

Q1

海のなかにも刺す生きものがいますが、このなかで刺さない生きものはどれでしょう？

①クラゲ　②ナマコ　③ヒトデ

正解は②のナマコです。
ヒトデと同じ棘皮《きょくひ》動物という分類に入りますが、ナマコは刺しません。また、クラゲに刺されたときは、真水ではなく海水で洗い流すとよいそうです。

Q2

ハチに一度刺されたあとに、もう一度刺されると強いアレルギー反応を起こすことがあります。この反応のことをなんと言うでしょうか？

①アナフィラキシーショック　②アレルギーショック
③アナフィラキシーパニック

正解は①のアナフィラキシーショックです。
全身に蕁麻疹《じんましん》が出て、呼吸困難や意識障害などの症状が出ていたら、アナフィラキシーショックを起こしている可能性があります。すぐに救急車を呼んでください！

Success News

ニュースを入手しろ!!

サクニュー!!

産経新聞編集委員
大野 敏明

▶PHOTO　バチカン市国の大聖堂のバルコニーで、新法王に選ばれた後、集まった人々に手を振るフランシスコ１世（バチカン）EPA＝時事　撮影日:2013-03-13

今月のキーワード

ローマ法王

ローマ法王、ベネディクト16世が退位し、新たな法王、フランシスコ１世が選出されました。

ローマ法王とは、イエス・キリストの弟子のペテロを初代として、これまで約2000年間続いてきたカトリック・キリスト教の最高聖職者のことです。

ベネディクト16世は、その前のヨハネ・パウロ２世の後をうけ、2005年に第265代の法王に選出されましたが、高齢、健康を理由に今年２月末をもって退位しました。

ローマ法王が生前に退位したのは600年ぶりということで、大きなニュースになりました。

法王が退位したため、ローマ法王庁は３月12日にコンクラーベと呼ばれる法王選出会議を開きましたが、この日は選出にいたらず、13日のコンクラーベで新しい法王を選出しました。

コンクラーベには法王に次ぐ身分である、世界各国の80歳未満の115人の枢機卿がバチカンのシスティーナ礼拝堂に集まり、密室のなかで選挙を行います。最終的に３分の２以上の得票を得た人が選出されます。

新法王はアルゼンチン出身で、ブエノスアイレス大司教のホルヘ・マリオ・ベルゴリオ枢機卿、76歳です。両親はイタリアからの移民です。また、日本にキリスト教を伝えたイエズス会出身の初の法王でもあります。ヨーロッパ以外からの法王の誕生は1272年ぶり、南北アメリカ大陸からは初めてだそうです。

バチカン報道室によりますと、過去の法王で最も若かったのは955年に就任したヨハネ12世で、なんと18歳だったそうです。

逆に最高齢は1191年に就任したケレティヌス3世と1294年に就任したケレティヌス5世で、ともに85歳だったといいます。

ローマ法王は、中世には絶対的な権威と権力を誇り、ヨーロッパ各国の王の上に君臨しました。現代は12億人いる世界のカトリック教徒の指導者というだけではなく、世界平和や貧困の撲滅など、多岐にわたって活躍しています。

ただ、現在のローマ法王庁は数々のスキャンダルに見舞われており、法王庁そのものの改革が必要との指摘もあります。

法王はキリスト教国はもちろん、キリスト教国以外の国の指導者にも大きな影響力を持っており、新しいローマ法王の発信力に世界の期待が集まっています。

なお、法王のことを「教皇」と言うこともあります。

今月の1冊

サクセス書評

5月号

諦めるにはまだ早い 勉強に対する見方が変わる

『16歳の教科書　なぜ学び、なにを学ぶのか』

方程式なんて、大人になったらどうせ使わないじゃないか。社会の勉強なんて、なんの役に立つの?

嫌いな教科ほど、そんな風に言いたくなるよね。

でも、一見そう思える教科でも、本当は意味があるし、考え方、見方を変えれば、苦手も得意に変わるかもしれない。そうすれば日々の勉強ももっと前向きに取り組めるようになるだろう。

なぜ学び、なにを学ぶのか。国語・数学・英語・理科・社会それぞれの教科について、個性豊かな先生が、独自の視点からアドバイスを与えてくれるのが、この『16歳の教科書』だ。

例えば、1時限目の国語。得意な人にとっては、なんとなくでも問題を解くことができるし、人にそれを説明するのは難しい教科だよね。反対に、苦手な人にとっては、英語のように英単語や文法を覚える、数学のように方程式を覚える、というような明確なものがなかなか見えず、苦労する。

ここで登場する言語学者の金田一秀穂さんは、その難しさについて、日本語はみんなが生まれ育つうちに自然と身についているからこそ難しいと言う。ほかの教科のように覚えるべきものがそんなにないからこそ、なにを勉強すればいいのか迷いやすいんだね。

そして、「ほんとうの国語力」を身につけるための方法をアドバイスしてくれる。方法といっしょに、例を交えながら、なぜそうした勉強が必要なのかもわかりやすく説明してくれる。

同じように、2・3時間目の数学、4時間目の英語、5時間目の理科、6時間目の社会、そして課外授業として心理について、それぞれ先生が登場して、学校の先生や周りの大人がなかなか教えてくれない学ぶ理由、意味について答えてくれる。

まずは自分が苦手だと思っている教科から読んでみよう。きっと、心になにか引っかかるものがあるはずだ。そうすれば、それがきっかけとなって苦手意識がなくなるかもしれない。もうこの教科はムリ!と投げ出す前に、ぜひ一度読んでもらいたい1冊だ。

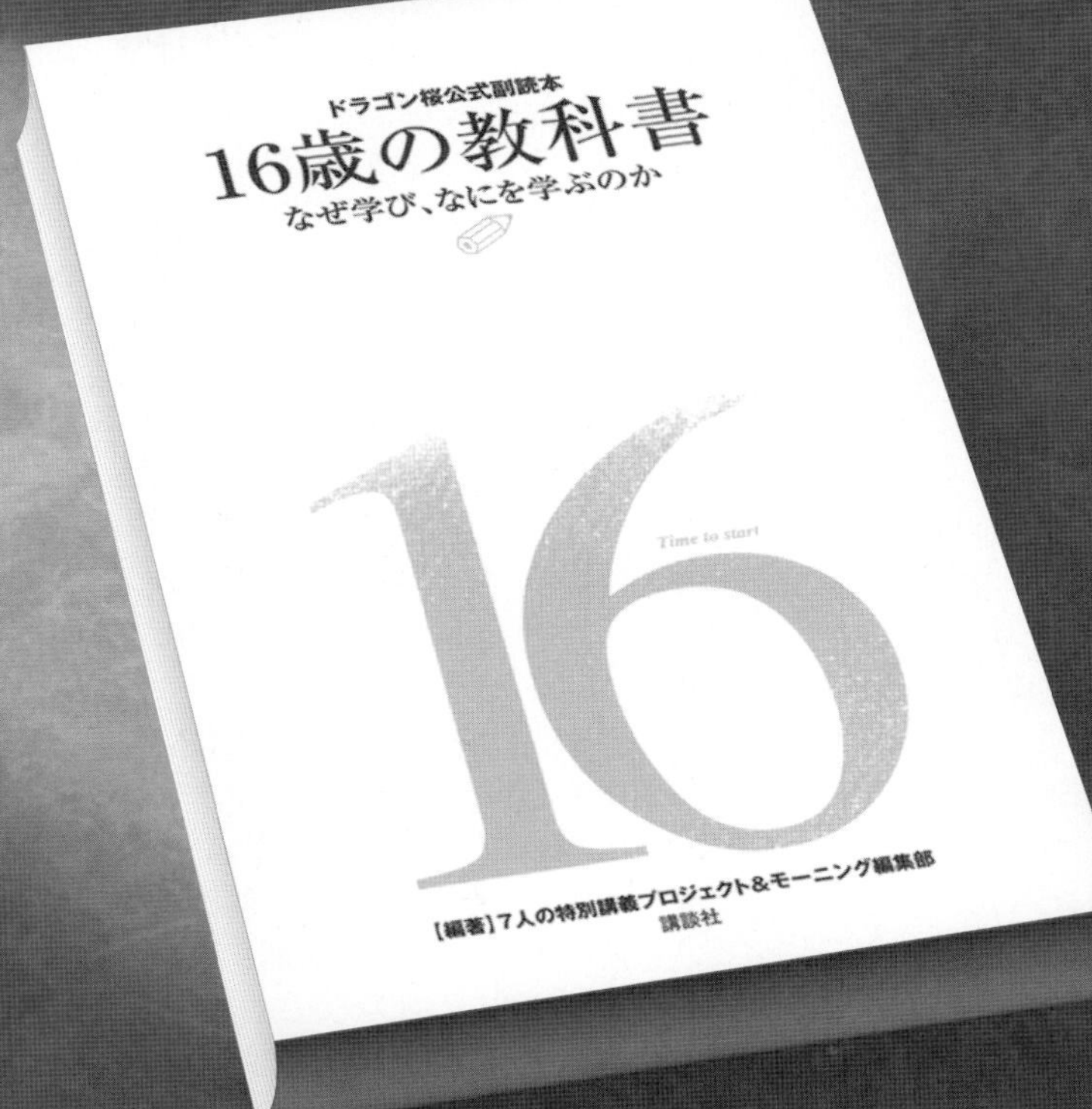

『16歳の教科書　なぜ学び、なにを学ぶのか』

編著／7人の特別講義プロジェクト&モーニング編集部
刊行／講談社
価格／780円+税

未来はどうなる？ ロボット映画

アイ,ロボット

2004年/アメリカ/20世紀フォックス/
監督:アレックス・プロヤス/

「アイ, ロボット」DVD発売中
1,490円（税込）
20世紀フォックス　ホームエンターテイメント ジャパン

A.I.

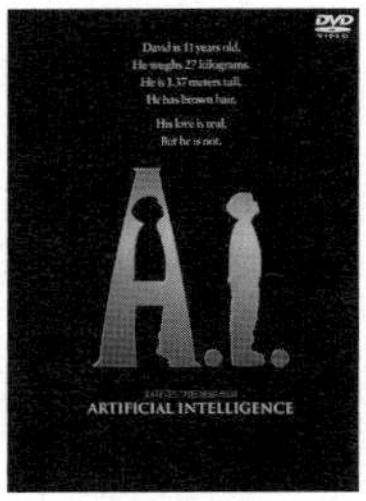

2001年/アメリカ/ワーナー・ブラザーズ/
監督:スティーヴン・スピルバーグ/

「A.I.」DVD発売中
1,500円（税込）
発売元:ワーナー・ホーム・ビデオ

メトロポリス

2001年/日本/東宝/
監督:りんたろう/

「メトロポリス」Blu-ray Disc発売中
8,190円（税込）
販売元:バンダイビジュアル

もし、ロボットが「進化」したら…

人工知能を持つロボットが世の中に出回るようになる日は、はたして来るのでしょうか。もしそうなら、いったいいつごろになるのでしょうか。この作品の舞台は2035年のアメリカ・シカゴ。そこでは、人工知能を持つロボットと人間が社会で共存しています。

ウィル・スミス扮するロボット嫌いの刑事のスプーナーは、ロボットの誤認逮捕を繰り返します。彼にはロボットを信じられないある理由があったのです。

ある日、ロボット工学博士の殺人事件を捜査することとなったスプーナーは、サニーと名乗る人間に近い感情を持つロボットと出会います。サニーとはどんなロボットなのか、そして殺人事件の犯人は？　ロボットとスプーナーの激しいアクションシーンや、殺人事件に隠されたミステリーなど、さまざまな要素を楽しむことができるＳＦ映画です。

ロボットが自ら知能を成長させるという思想にも触れており、機械であるロボットの枠を超えた発想に驚かされます。原典は1950年に刊行されたアイザック・アシモフの小説です。

感情を持つロボットの行く末は？

「2001年宇宙の旅」などで有名なスタンリー・キューブリック監督の企画を、彼亡きあとに友人であるスティーブン・スピルバーグが引き継ぎ、完成させた映画です。２人の映画監督を強く惹きつけたテーマは人工知能。つまり、タイトルの“A.I.”（Artificial Intelligence）です。

舞台は人工知能を持つロボットがいる未来の世界。ロボットたちは、家事や仕事のサポートなど、人間の要望に応える優秀なパートナーとしてうまく共存していました。

ところが、人間がロボットにある1つの知能を注ぎこむことにより、ロボットはただの機械ではなくなってしまうのです。それは、「感情」という知能です。

裏切ったり、嘘をつく人間に比べて、ロボットたちにインプットされた忠誠心や愛情は決して揺らぐことはありません。しかし、どんなに真っすぐな感情であろうとも、結局はロボット。生身の人間には絶対にかなわないのです。人間により感情を注ぎこまれたロボットの行く末は、どうなるのでしょうか。エンディングに一抹の切なさが残ります。

色褪せぬ手塚治虫ワールド

日本を代表する漫画家・手塚治虫の初期ＳＦ作品を、2001年にアニメ映画化したのが本作。斬新かつ精巧なストーリー展開は60年以上も昔の作品とは思えない魅力にあふれています。

近未来の大都市メトロポリスでは、人工知能を植えつけられたロボットが活躍の場を広げていました。メトロポリスの頂点に立つレッド公は、強大な力を手に入れるため、全世界をも揺るがす力を持つ人造人間を作り出します。天使のように美しいその人造人間の名前はティマ。自らがロボットであることを知らぬティマは、人間の男の子・ケンイチに恋をしてしまうのでした。

映像は原作画を忠実に再現。ティマのまばゆいほどの美しさと、メトロポリスの暗黒が織りなすコントラストが美しく表現されています。強大な力を持つティマの行く末と、物語の結末が私たちに問いかけているものはなんなのでしょうか。本作は海外でも高い評価を受けています。

いまなお色褪せぬ手塚治虫ワールドを存分に楽しめる作品です。

高校受験 ここが知りたいQ&A

Q 部活と塾との両立は どのようにしたらいいですか

運動部系の部活に加入しています。練習が結構大変で、塾の授業に間に合わなかったり、授業中に眠くなったりしてしまいます。部活と塾の両立はどのようにしたらいいのでしょうか。

（横浜市・中2・YM）

A しっかりとした目標を持つことで 頑張れるようになってきます。

部活動と受験勉強の両立についてのお便りは多くいただきます。みんな同じ悩みを抱えているということでしょう。

練習時間と塾の時間が重複してしまう場合には、部活動の先生や仲間と話しあってなるべく塾に間に合うようにする工夫も必要でしょう。また、塾の先生にも事情をよくお話しして、遅れても必ず出席するようにすることが大事です。

練習で疲れてしまうことも理解できますが、そこで塾の授業中に居眠りをしてしまっては意味がありません。眠らずに授業に集中しようという強い意志を持ち、1回ごとの授業を大切にして積み重ねていくことが高校入試の成功につながります。

しかし、やみくもにはなかなか頑張れるものではありません。そんな人は志望校を決め、高校に入ってなにがしたいかを考えてみてください。目標がはっきりしていると人は頑張れます。

高校入試だけではなく大学受験においても、部活動をきちんとやり通した人の方がよい結果を出していることも多く、部活動を通じて培った集中力や物事に真剣に取り組む姿勢が、勉強にも必ずよい影響を与えています。

自身の目標に向かって、1日1日着実な努力を続けていってください。

教えてほしい質問があれば、ぜひ編集部までお送りください。連絡先はP80をご覧ください。

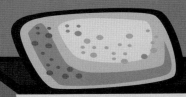

生徒 なんとなく得した気分になる話 先生

身の回りにある、知っていると
勉強の役に立つかもしれない知識をお届け

～１から100まで足すといくつ？～

先生！　インド式数学ってなに？

そりゃ、インドの数学だよ（笑）。

そんなのわかるよ。友だちがインド式だと計算が早いって言うんだよ。ぼくも知りたいんだけど、どんなの？

例えばだ、67×63があるだろ、これが早く計算できるんだよ。この67×63は、十の位が同じ一桁の数で、一の位が足して10だ。このとき、一の位の数は７×３＝21。そして、十の位の6については、もう１つの6に１を足して7にしてからかける、つまり６×７＝42。この２つの数を横並びにして、4221。これが67×63の答え4221になるわけ。このように、２桁どうしの掛け算で、十の位が同じ1桁の数で、一の位が足して10のときに限って

① **一の位の２つの数をかける**
② **十の位の数とそれに１を足した数とをかける**
③ **①②の結果を横並びにする**

とできるわけ。

すげー。これ便利！　ほかにもあるの？

たくさんあるらしい。でも、これを覚えるのも楽しくて便利だが、どうして、そうなるかを知る方が本当はいいと思うんだよなあ。それに、これって、十の位が同じ1桁の数で、一の位が足して10なんて限定もんだぞ。数学っていうのは、一般性が大事なんだ。

一般性？

そうだ、簡単に言えば、いつも成り立つような話が数学なんだ。
誤解しちゃいけないから言っておくけど、インド式は、とても早くて便利だ。でも、いつも使えるわけじゃないだろ。あっ、例えばだ、１から10まで足したらいくつかわかるか？

そんなの知ってるよ。55だよ。

正解だ。じゃ、どうやって出した？

そんなの覚えてるよ。１から10まで足した数なんてみんな常識だよ。

じゃあ。１から100まで足したらいくつかわかるか？

えっ？　なんか、わかる気がするけど…。

じつはこれは、ドイツの数学者ガウスが小学３年生のときに学校の先生から出された問題で、ガウスは、これをあっという間に答えを"5050"と出したんだ。

どうやって？

1+2+3+4+・・・・・・・・+99+100＝S…①
100+99+98+97+・・・・・・+2+1＝S…②
このように、上式を①②として、この２つの式を筆算のように足すと・・・
101+101+101+101+・・・・・+101+101＝2S
つまり、101が100個でSの２倍なわけ。だから、S=101×100÷2=5050なわけ。

小学３年生でやるってすごいなあ～。

このやり方は、もっと前から発見されていて、イタリアの数学者フィボナッチが「算盤の書」という書物に"インドの方法"としてこれを含めて紹介したらしい。いまでは、この足し算の方法を、高校の数学で等差数列として教わるんだけどな。

あんまりよくわからないけど、もしかして、これもインドの数学ってこと？

その通り。だから、中学生で慌てて覚えなくても、ちゃんと高校で出てくるよ。

じゃあ、どのみち、この先覚えるんだったら、早く知ったっていいじゃないの？
だから、インド式数学を教えてよ。

だったら、本を買って読みなさい。

本を読みたくないから、先生に聞いてるのに、先生、役に立たないなあ。

こらっ、先生をなんだと思ってるんだ。

先生だよ。ほかに？

はい、私は先生です！
そうじゃないでしょ！

受験情報

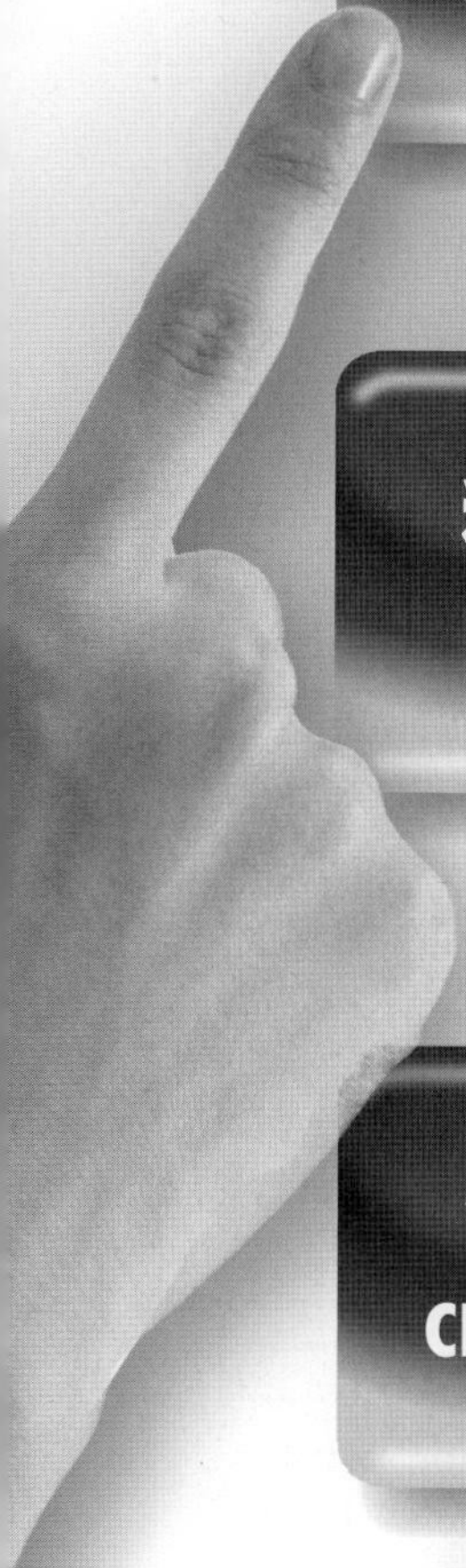

Educational Column

15歳の考現学

3月11日を機に改めて思うことは
若者を「考えなくさせている」入試制度を
なんとかしなければいけないということ

私立 INSIDE

私立高校受験

神奈川の公立入試改革で
私立受験はどう変わったか

公立 CLOSE UP

公立高校受験

2013年度神奈川県
公立高校入試結果

BASIC LECTURE

高校入試の基礎知識

学校選びの基礎
どう違う男子校・女子校・共学校

埼　玉

来春の埼玉県公立高校入試日程

来春2014年度の埼玉県の公立高校入試日程が早くも発表された。埼玉県では入試日程を遅くする方向で入試改革が実施されてきたが、来春は今年より1日ずつ早まっている。

◇入学願書等の提出期間
2月18日（火）、19日（水）
◇志願先変更期間
2月20日（木）、21日（金）、25日（火）
◇学力検査
3月3日（月）
◇実技検査、面接
3月4日（火）
◇入学許可候補者発表
3月10日（月）

東　京

都立一般入試の不合格者増える

前号のこのコーナーで都立高校受検状況を速報したが、合格発表を受けて厳しい状況が浮き彫りになった。

今年の全日制一般入試（一次・分割前期）の不合格者数は1万2975人と、現制度が始まって以来の最多を記録し、受験生にとって相当厳しく、従来の安全策の踏襲では合格を勝ち取るのは難しい入試だった。

不合格者が増えた要因の1つは、推薦入試制度の変更により、昨年度までなら推薦入試で合格していた高学力生が不合格となって一般入試にまわったほか、推薦入試を避けて一般入試に絞った受検生も多かったものとみられる。

Educational Column

森上《もりがみ》 展安《のぶやす》

森上教育研究所所長。1953年、岡山県生まれ。早稲田大学卒業。進学塾経営などを経て、1987年に「森上教育研究所」を設立。「受験」をキーワードに幅広く教育問題をあつかう。近著に『教育時論』（英潮社）や『入りやすくてお得な学校』『中学受験図鑑』（ともにダイヤモンド社）などがある。

15歳の考現学

3月11日を機に改めて思うことは 若者を「考えなくさせている」入試制度を なんとかしなければいけないということ

被災生徒に示された善意が将来に描き出すもの

福島で被災した高校生たちを、アメリカ某州の募金で、彼の地の高校が日本風に言えば「転入」を受け入れていた、という報道がありました。

不正確で申し訳ないのですが、当然彼らの税金で日本の高校生の教育費が賄われるのですから、懐が深いというべきですし、より詳細に言えばそれから2年経ってその高校生たちが、その体験から得た現在の心境を披瀝《ひれき》する、という記事だったように記憶しています。ご好意に素直に従って異国の地で生活する、という貴重な体験ができたことは、意義深いことですし、アメリカ国民のたとえ一部にであれ津波の怖さを伝え、原発事故の重大さを知っていただくという使命も彼らは感じたことでしょう。

もちろん、そうした経験をしなくて済んでいればよかったわけですが、震災があったことが契機になってアメリカ国民の支援が得られ、若い高校生がアメリカの教育を受け、そのことが礎《いしずえ》となって福島と某州の人的交流が始まったことは、不幸中の幸いという紋切り型の言い方では表し得ない、すばらしい人々の営みに思えます。

きっとその高校生のうちの何人かは、よい成績を残してアメリカの大学などに進学するでしょうし、またそこでも立派な業績を残すのではと想像します。なぜなら人々のご好意と、与えてくれたチャンスに誠実な高校生なら、立派な業績を残してお返しをしよう、と励むからです。

例えば、みなさんが何事もなく普通に受験をして日本のどこかの高校に進学し、アメリカの高校に留学したとして、それと比較してどうか、と想像してみると違いがわかるでしょう。ただ留学する形よりも、思ってもみない形で留学し、思ってもみなかった好意を受ける、というなりゆきには人々の善意が神の啓示のごとく感ぜられるのではないでしょうか。

しかし、もちろんそれは神がなした技ではなく世の人がなしたもので、加えてアメリカの大学はヨーロッパの大学のように低廉な費用というわけにはいかないのですが、貧しい人にもきちんと向きあい、学費の大半が免除される仕組みは整っています。

「浪人」を許す入試制度は フェアと言えるだろうか

話は少しそれますが、アメリカの大学には浪人して入る、という発想はありません。入試はないので高校生は高校での成績と業績をアピールし、いくつかの大学にアプローチしてどこかに入学します。

なかにはとてもユニークな大学もあって、（これは人から聞いた話ですが）2年間だけの、しかも哲学だけ学ぶ超エリートの大学があるそうです。そこの学生は、いわばその2年間で考え方の基本を学んでからハーバード大などに進学していくのです。そこにはハーバード大に入れるような超優秀児だけが入れるそうですが、そんな話を聞くと、例えば東大に入るために1浪や2浪を重ねる日本の場合は、明らかにムダではないか、と思えてきます。

じつはこの原稿は3月11日に書いています。震災が起こった2年前、あの日は東大合格発表日の翌日で、各高校の東大合格者数を気にしながらの時間が過ぎていました。

そこにグラッです。筆者には、このグラッときたのが3月11日の東大合格を待つ時間だったせいか、そうした日常のそれなりの価値観に対してもグラッときたのではないか、といまでは振り返って思います。

フェアな入試を進めるには 資格試験の側面が必要だ

まして、アメリカの大学進学のように浪人なしで各々がそれまでの学業の成果をもとにいっせいに取引して大学を決めていくさまを聞くと、かねてから思ってきたのですが、浪人などという社会現象はフェアではないし、精力の善用とは言えないのではないか、と思えてなりません。

だれしも時間を1年間あるいは2年間与えられ有効にそれを活用すれば、当然よりよい大学に行けることになるでしょう。それは高校入試でも同じことです。

入試でやるならば、本来フェアであるべきで、フェアにやるなら、その試験が資格試験であるべきだ、と考えます。おそらくこれからの大学入試はそう変わっていくでしょう。

現状は、そうではなくて相対評価の点数争いなのですから、1浪や2浪をして、いわば費用と時間をかける余裕があればそれだけ条件が優位になります。

是正《ぜせい》されなければなりませんが、きっとそんなことは百も承知でこの現実があるのですから、いま、これを望むことは空理空論になります。

浪人するだけの費用と時間の余裕があるなら、例えば米国の大学に魅力的な大学があれば、そこに進学すべきだ、と考える人々が多く出てくれば是正の動きも出てくるでしょう。そのような人々が相当数になれば、そのどちらが健全なあり様かを高校生自らが選択して考えることもできます。新聞報道によれば留学の官民ファンドも検討されるようですが、もしそうであればこの流れは大きくなるに違いありません。

クリティカルシンキングの 必要性は支持したい

筆者は、そうだからといって現実にある入試を全面的に否定しているわけではありません。具体的な問題点はいくつかありますが、現状の高校入試や大学入試の数学については大きな問題はないのではないかと思います。

やはり問題は文系教科ですね。

例えば国語の問題ですが、文科省は今後クリティカルシンキング（批判的思考）の観点を中等教育に入れるように、という「指導」をしています。

そのような観点を取り入れた教育、ひいては入試問題がいくらかあるものの、大半はどうか、と言われればそうではない現状があります。

一番の問題は、入試が目的化してしまい、国語・社会の問題が、極めて閉ざされた言語空間や設定のなかで部分的な正解を求めるように繰り返しトレーニングされることです。

あるいは社会・理科などで暗記を繰り返し強要される問題で、要は人々、とくに若者を「考えなくさせている」という点が大問題です。

これは高校入試、大学入試でとりわけ強く関係する問題です。これを打破するには文科省が「指導」するように（筆者としては珍しく、文科省を肯定的に持ちあげているのですが）クリティカルシンキングを持ち込まないといけないのではないかと考えています。

クリティカルシンキングとは、簡単に言ってしまえば多様な視点を持つことです。

震災以降、多くの人々はテレビ・新聞などマスメディアの報道姿勢に改めて疑問を感じてこられたことでしょう。戦後に、戦中の戦争報道が反省されましたが、ちょっと似たところがあります。要は多様な視点をもって現実に対していくことが大切だ、ということです。

グラッときた結果得た、筆者なりの展望です。

私立 Inside

神奈川の公立入試改革で私立受験はどう変わったか

このコーナーは、受験生と保護者が首都圏の私立高校やその入試システムについて知っていただくためのページです。とりわけ受験学年である中学3年生に役立つ知識を紹介します。今回は神奈川県私立高校の入試動向を取り上げます。神奈川県では、この春から公立高校の入試制度が大きく変更されました。それに伴って、神奈川私立高校の入試状況はどのように変化したのでしょうか。

公立入試変更で志願者増え 私立一般入試の倍率高まる

この春の首都圏高校入試で最も注目されていたのが神奈川県の入試動向です。

なぜかといえば、神奈川県の公立高校入試制度が大幅に変更されたからです。公立高校入試の詳細については、このページに続く『公立クローズアップ』の項でお読みいただくとして、当然、その影響を強く受ける神奈川県私立高校入試の状況についてここで触れておきたいと思います。

神奈川の私立高校入試はどのような変化を見せたのでしょうか。

その様子を伺い知ることができるのが、神奈川県私立高校の志願状況の中間集計結果です。1月30日時点での調査結果ですので、あくまで途中経過で、最終集計ではありませんが、各年度ほとんど同時期に調査されますので、比較することができます。残念ながら、本誌の締め切り時点では最終集計は公表されていません。

さて、その中間集計を見ると、全日制の志願倍率は4・94倍で、前年同時期の3・70倍を1・24ポイントも上回っています。

これは、公立高校の入試制度が大幅に変更されたことで「先の見えない入試」となり、安全策に流れた受験生が多かったことから、私立を受験する割合が増えたものと思われます。

神奈川県内私立高校の志願倍率は前年（2012年度）も上昇していました（2・82倍→3・70倍）。また、5倍に手が届くような志願倍率となったことはここ数年ではありません。今春が過去11年間で最も高い志願倍率です。

中間集計ではあるものの、志願者数も前年の3万1605人から3万6519人に増加。5000人近くも増えています。神奈川県の公立中学卒業予定者は昨年に比べ約１００人増えたのですが、その5倍も私立高校志願者が増えたことになります。

この中間集計は、前年は2月3日に集計されていたのですが、今年は1月30日に早まりました。この調査日までの集計校は前年は49校、今年は40校でした。

集計された数字では、その9校分の募集人数が減っているにもかかわらず、志願者は大幅に増えたというわけです。それだけ、私立高校に志願する割合が高まっていることを示す数字だといえましょう。

なぜ私立の志願率が上昇し倍率も高まったのか

公立高校入試に対する受検生の不安感はどのあたりにあったのでしょうか。

公立高校入試は前期・後期の2回から一本化され、1回での「学力勝負」になりました。受検生は「失敗すれば行く高校がない」という心理状態となって当然です。

またどんな試験内容になるのか、情報も乏しいものがありました。記述問題が増え、面接も得点化され、一部の学力向上進学重点校では「自己表現検査」が導入されるなどの情報はありましたが、具体的には、実際に受検してみないとわからない……、まさに「先の見えない入試」だったのです。

中学校の進路指導担当の先生にしろ、アドバイスする塾の先生にしろ、「危ない橋は渡らせられない」といった慎重な助言となりました。

こうして、チャレンジは避け、より安全な、確実性の高い志望校選びとなったので、押さえとしての私立高校にも例年より多く出願されたのです。

これまで通りの入試制度であれば、過去のデータがありますから、「公立高校しか受検しない」層も一定割合存在していたのですが、今年はそうも言っておられず、「滑り止め校」の確保が必須でした。ですから、これまでなら公立高校しか受検しなかった層も私立併願を考え、これまでの私立併願層も併願校数を増やし、さらには公立第1志望から私立第1志望に変更した動きもあったものと思われます。

公立高校の入試制度が変更された最初の年は安全志向が強まります。こうした傾向は、神奈川に限らず、どこの都県でも同じで、推薦入試制度が変更された東京都立高校入試の一般入試でも安全志向が強まった年となっています。

ただ、これは公立高校入試新制度の初年度だからこそ起きたことです。新制度導入2年目となる来春からは、私立から公立に受験生が戻ってくる現象も起き、沈静化していきます。入試機会一本化を先行して行い、2年目となった埼玉県では公立高校に回帰しています。

「推薦Ⅱ」制度の廃止も私立志願者増を後押し

さて、私立高校の志願者数が増えたことには、もう1つの要因がありました。公立の入試機会一本化を受けて、私立の入試制度が変更されたことがそれで、とくに「推薦Ⅱ」の廃止は少なからず影響を与えていると考えられます。

２０１２年度入試まで、神奈川の私立高校入試には、公立の推薦入試のみと併願が可能な「推薦Ⅱ」という選抜方式がありました。

この方式を利用する受験生は多くはありませんでしたが、学力検査を受けずに合格を決められるので、一部では利用されていました。

しかし、公立の入試機会一本化を受けて、この春の入試からは廃止されています。その結果、私立高校の推薦入試は私立第1志望層のみが受験し、公立高校との併願を希望する受験生は、すべて私立高校の一般入試を受験することになったのです。

数は多くはなかったものの、「推薦Ⅱ」と一般入試とに分散していた、公立第1志望層の私立志願者の入試機会も一本化されることとなり、これも私立高校志願者数を押しあげる結果となったのです。

また、これに伴い、東京都内私立高校の一部では可能だった神奈川公立との併願推薦もなくなりました。

さて、神奈川私立高校の多くでは、推薦入試と一般入試の2回、受験機会があることには変わりありません。

しかし、公立高校第1志望で私立高校を併願する受験生は、必ず私立高校の一般入試の方に出願することになります。

このため、前年より増えた私立志願者が一般入試に集中する結果となりました。

そこで、神奈川私立高校の多くで、前年よりも一般入試の志願者数が増え、倍率も高くなる状況となりました。

2013年度神奈川県公立高校入試結果

安田教育研究所　安田理

神奈川県では2013年度から公立高校入試が大きく変更されました。全日制の入試結果をみると平均実倍率は1・17倍。入試機会が前期・後期の2回から一本化されることで倍率の緩和が予想されていましたが、そのとおり、前年の前期2・06倍、後期1・40倍を下回りました。普通科では横浜翠嵐1・61倍、湘南1・57倍が最も高くなっています。

高い安全志向のなか上位校の人気復調

入試機会が一本化された初年度の2013年度は、4万9971人が受検し、4万2513人が合格。受検後取り消した341人を除いた平均実倍率は1・17倍でした。

2012年度平均実倍率の前期2・06倍、後期1・40倍より緩和しているのは、募集数が増えているためで、予想されていたことです。しかし、入試制度変更初年度への不安から私立を希望する割合が増えました。制度変更2年目には1年目の結果から予測し易くなるうえに、今年度の実倍率緩和にあと押しされて、公立希望が増加するのは確実です。そのため、2014年度の平均実倍率は上昇することが予想されます。

学科別では普通科が1・15倍と全体の平均より低かったのに対し、専門学科は1・20倍と高くなりました。最も高かったのは単位制専門学科の1・30倍でしたが、なかでも**市立横浜サイエンスフロンティア（YSF）**・理数科の1・67倍が最も高く、**横浜翠嵐**や**湘南**を上回りました。例年、人気の高かった普通科クリエイティブスクールは1・11倍で前年後期の2・55倍を大きく下回りました。

難関校ではYSF、横浜翠嵐、湘南が実倍率トップ3

普通科の実倍率上位10校のうち、上位7校はすべて学力向上進学重点校が占めました。難関上位校で最も倍率が高かったのは、**YSF**（理数科）、**横浜翠嵐**、**湘南**の3校。いずれも大学合格実績の高さが人気を呼んでいるのでしょう。今後もこの3校が高倍率上位を占める可能性は高いです。

また、「特色検査」で『自己表現』を実施した15校中、**横浜翠嵐**、**湘南**、**柏陽**がランク入りしていて、**YSF**を加えた4校に関しては、「特色検査」があることで敬遠される動きはほとんどありませんでした。一方、**厚木東**、**西湘**（理数）は定員割れで、「特色検査」の実施が人気につながる動きにはなっていません。

湘南、横浜翠嵐が受検者数６００人超え

受検者数上位10校では前年に続いて**湘南**がトップ。2位の**横浜翠嵐**も前年までと同じ、上位2校のほか前年に続いてランク入りしているのは**海老名**、**市ヶ尾**、**川和**、**市立桜丘**。６００人以上が受検しているのは**湘南**と**横浜翠嵐**の2校だけで、3位以下との差も大きくなっています。倍率で両校を上回った**ＹＳＦ**の受検者数は４１２人で募集規模の差が明らかです。

また、受検後取り消しが３５６人出ましたが、**横浜翠嵐**80人、**湘南**76人の2校がここでも群を抜きます。次に多いのは**ＹＳＦ**15人、**柏陽**、**多摩**、各10人、**川和**8人など上位校ばかり。前年も**横浜翠嵐**63人、**湘南**41人で多かったのですが、今年も両校だけで4割以上を占めていて、難関大学附属の国私立高校との併願者の多さが伺えます。

全日制で定員割れをした高校は23校で１８０人。前年は1校もなく、2年前は3校で17人だったので、今年の多さがめだっています。公立の入試制度の大幅な変更を嫌って、私立希望の割合が増加した影響でしょう。

2012年度後期実倍率 上位校（普通科）		
1位	白山	1.97倍
2位	綾瀬西	1.95倍
3位	湘南	1.81倍
4位	港北	1.78倍
5位	市ヶ尾	1.75倍
6位	川和	1.72倍
7位	柏陽	1.69倍
8位	岸根	1.64倍
	横浜市立東	1.64倍
10位	相模原	1.63倍
	湘南台	1.63倍

2013年度実倍率 上位校（普通科）		
1位	横浜翠嵐	1.61倍
2位	湘南	1.57倍
3位	横浜緑ヶ丘	1.51倍
4位	大和	1.50倍
5位	横浜市立戸塚	1.48倍
6位	鎌倉	1.46倍
7位	川和	1.43倍
8位	柏陽	1.39倍
9位	横浜市立桜丘	1.38倍
10位	港北	1.37倍
	茅ケ崎北陵	1.37倍

2012年度後期受検者数 最多10校		
1位	湘南	563人
2位	横浜翠嵐	477人
3位	川和	392人
4位	市ヶ尾	360人
5位	柏陽	342人
6位	横浜市立桜丘	330人
7位	平塚江南	304人
8位	多摩	298人
	港北	298人
10位	海老名	297人

2013年度受検者数 最多10校		
1位	湘南	644人
2位	横浜翠嵐	600人
3位	市ヶ尾	526人
4位	海老名	488人
5位	新栄	472人
6位	横浜市立戸塚	470人
7位	川和	462人
8位	茅ケ崎	459人
9位	大船	455人
10位	横浜市立桜丘	443人

学力検査はどう変化したか？

新制度では学校独自問題がなくなり、全校共通の学力検査を実施しました。各科50点満点から１００点満点になり、記述問題の増加が事前に公表されていました。それまでの神奈川の学力検査は選択問題が多く、平均点も高いものでした。上位校では得点差がつきにくいために、学力向上進学重点校の一部などで学校独自問題が実施されていました。

しかし、今回の制度変更を機に学校独自問題は廃止されることになったので、問題は難しくなることが確実視されていました。

実際の問題は、大問数や出題構成は教科によって多少、順序に違いはあるものの、これまでのパターンとそう大きく変わっていません。記述問題はどの教科でも出題されていましたが、全体に占める配点の割合は2割程度。選択問題の占める割合が減ってはいるものの多く出題されました。埼玉や千葉に比べると難度も急上昇してはいません。これまでの出題傾向をふまえながら、一部で問い方を少し変えたという印象です。

次年度に向けて

新制度2年目を迎える２０１４年度入試では、公立希望者の割合が上昇するのは確実です。倍率もあがる可能性があります。1年先駆けて一本化した埼玉の2年目では1・15倍から1・19倍に上昇しているので、神奈川でも1・21倍くらいになることは十分考えられます。とはいえ、実倍率が1・30倍を超えるとは考えにくいでしょう。

また、公立志望者の増加とともに、難関上位校の人気がさらにあがることが予想されます。人気が集中すれば、2倍前後まで上昇するところもあるかもしれません。上位校の場合、東大をはじめとした難関大学合格実績が人気を左右します。

２０１４年度はさらに中学卒業予定者数が増加する見込みです。人口の変動に応じて公立の募集数も変化するので、複数校が定員を増加することになります。２０１３年度は**希望ヶ丘**、**海老名**、**横浜市立金沢**などで1クラス増員していますが、中堅校や下位校での増員が多くみられました。どのような高校で募集数を増やすのかも注目されます。

Basic Lecture

高校入試の基礎知識

学校選びの基礎
どう違う 男子校・女子校・共学校

学校選びの基礎知識として、前号では国立校、公立校、私立校の違いについてお話ししました。今回はもう1つの側面である男子校、女子校、共学校の違いについて見てみましょう。最近の風潮として共学校に人気が集まっていますが、初めから決めつけるのではなく、自分にはどのタイプの学校が合っているのかを考えながら読み進んでください。

男子校、女子校、共学校 それぞれによさがある

首都圏の公立高校の多くは共学校です。東京都立、神奈川の公立高校はすべてが共学校ですが、埼玉と千葉の公立高校には男子校、女子校があります。

私立高校には都県を問わず、多くの男子校・女子校があります。

ここ10年ほど、伝統ある男子校や女子校が共学校へと移行するケースが増えましたが、とくに高校募集のある女子校は少なくなっており、難関校では**豊島岡女子学園**（東京）が残るぐらいです。

ただ、私立高校はそれぞれの教育理念で運営されており、男子校、女子校を選択することができるのも私立高校ならではのメリットと言えます。公立校は共学校がほとんどであるだけに、その特徴が際立つのが私立の男子校、女子校の存在とも言えます。

共学か男女別学かを選ぶ作業の前に、自分はどんな高校生活を送りたいのかということをしっかりと思い描き、どのタイプの高校が自分にとってよいのか、充実した高校生活を送ることができるのかを考えてみましょう。

そして、男子校、女子校、共学校それぞれの特徴を知るためには、やはり「学校に行ってみる」ことが大切です。

男子校

首都圏公立高校の男子校は埼玉県に5校のみ（**県立浦和**、**春日部**、**熊谷**、**川越**、**松山**）ですが、国立高校では東京の**筑波大附属駒場**があります。

私立高校には多くの男子校があり、歴史ある校風を受け継いでいる伝統校が多いのが特徴です。

男子のみという環境で育まれる友人関係は強固で、卒業しても長いつきあいになることが多くなります。

学習のみならず部活動や文化祭・体育祭などの学校行事を徹底してやりぬくのも男子校の優れた点と言えます。先輩からの学びも印象に残り、大学入試への挑戦でもよい影響を受けることになります。男子同士で切磋琢磨し、スポーツや進学で高い実績をあげている男子校が多くあります。

女子校

首都圏公立高校の女子校は、埼玉県に7校（**浦和第一女子**、**春日部女子**、**川越女子**、**久喜**、**熊谷女子**、**鴻巣《こうのす》女子**、**松山女子**）、千葉県に2校（**木更津東**、**千葉女子**）、国立高校では東京の**お茶の水女子大附属**があります。

私立高校には多くの女子校があります。伝統のある女子校も多く、創立者が女性であったり、宗教系の学校も多く見られます。

私立高校のみならず、それぞれ特徴ある教育理念を掲げて女子教育を行っています。

異性の目を気にすることなく、個性を積極的に出せるのも特徴です。カリキュラムや部活動でも女性ならではの特性を活かした側面が見られます。

男子がいないことから、学校行事での力仕事なども女子が分担して活動していくことになります。

共学校

多くの公立高校、また、私立高校でも男女共学の学校が多くなっています。

共学であった公立中学校から進学する場合、環境が変わらずスムースに溶け込めるのもプラス面の1つです。ただ、同じ共学でも、私立高校はそれぞれ独自の教育理念で運営されていますから、「共学」というくくりでも、学校ごとにそれぞれ独自の校風があります。

共学校では、男女がお互いの違いとよさを認めあい、相互に優れた点を吸収することができます。

このほか、首都圏では**国学院大久我山**（東京）、**桐光学園**、**桐蔭学園**（ともに神奈川）の3校が「別学校」と呼ばれる学校となっています。同じ敷地内に男子、女子がともに在籍していますが、教室はほとんど共有せず、授業、部活動、行事なども男女別に行われています。「併学校」と呼ばれることもあります。

学校生活を送るうえでなにが違うのか

男子校、女子校、共学校は学校生活のうえでなにが違うのでしょうか。

●授業の違い

大学受験に必要な教科などをみると、授業の内容は基本的にほとんど違いはありません。違いがある授業をあげれば、女子校でしつけや情操教育の一環として、時間割に「礼法」「華道」や「園芸」の時間がある学校があります。また、英語に力を入れ、授業数も多くなっている学校も女子校の方に多くみられます。

一方、男子校だからといって、授業に特別な要素を用意しているという学校は、女子校ほどはありません。私立男子校の一部に武道が必修の学校があったり、数学や理科など理数系の科目の時間を多めに取っている学校もあります。

●学校行事の違い

「体育祭」「文化祭」「合唱祭」「海外研修旅行」…など、ほとんどの学校行事は男子校・女子校・共学校で同じように行われています。ただ、行事のなかのプログラムとして、女子校の体育祭で「扇の舞」「大輪の花」などの集団ダンス、男子校では勇壮な「騎馬戦」「棒倒し」が行われ、その特徴が現れます。

冬の学校行事として、女子校では「百人一首大会」が定番ですが、共学校ではあまりみられません。

●部活動の違い

「やってみたい部活動が進学した学校になかった」というミスマッチは避けたいところです。共学校であれ、男子校、女子校であれ、人気のある部活動はどこの学校にもありますが、部の有無は、男子校・女子校・共学校の違いよりも、総生徒数の違いによるようです。

男子校の運動部にはさまざまな部があることが多く、共学校よりバラエティーに富んでいます。ただ、部員数は人気のあるサッカー部などに偏っていることが今後の課題となっている学校もあります。

共学校では、男女ともに楽しめるスポーツでの交流や、マネージャーとしての活動を通してアイデンティティの確立が促されるなどのプラス面があります。

３月号の答えと解説

問題

論　理　パ　ズ　ル

　Ａ～Ｅの５人がマラソン競争をしました。ゴールするまでかかった時間を計った結果、ＡとＢの差が12分、ＢとＣの差が14分、ＣとＤの差が６分、ＤとＥの差が12分、ＡとＥの差が８分でした。

　このとき、Ａ～Ｅの順位として、ありえないものは次のうちどれでしょう。２つ選んで、その記号を答えてください。

ア　Ａが１位

イ　Ｂが２位

ウ　Ｃが３位

エ　Ｄが４位

オ　Ｅが５位

解答　イとウ

解説

　Ａを基準として数直線上にＢ～Ｅを問題文の条件に合うように配置していきましょう。

(ア)

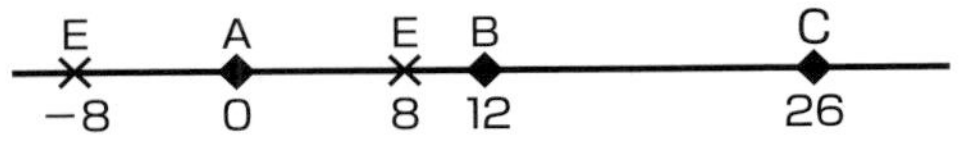

(イ)

(ア)　AとCの差が、12＋14＝26分の場合

　Ｅの座標は、－8または８が考えられますが、ＣとＥの差は６＋12＝18分、または、12－6＝６分ですから、Ｅ（－8）はありえません。これより、Ｄ（20)、Ｅ（８）と決まります。

このとき、最も左に位置する人が1位であるとするとAEBDCの順、逆に最も右に位置する人が１位であるとするとCDBEAの順。

(イ)　ＡとＣの差が、14－12＝２分の場合

　ＣとＥの差は18分または６分ですから、図より条件を満たすのは差が６分のとき。これより、Ｅ（－8)、Ｄ（４）と決まります。

このとき、最も左に位置する者が１位であるとするとECADBの順、逆に最も右に位置する者が1位であるとするとBDACEの順。

(ア)、(イ) より、Ｂの２位とCの３位という順位はありえません。

中学生のための学習パズル

今月号の問題

ワードサーチ（単語探し）

リストにある英単語を、下の枠のなかから探し出すパズルです。単語は、例のようにタテ・ヨコ・ナナメの方向に一直線にたどってください。下から上、右から左へと読む場合もあります。また、１つの文字が２回以上使われていることもあります。パズルを解きながら、「とき」を表す単語を覚えましょう。

最後に、リストのなかにあって、枠のなかにない単語が１つだけ現れるので、それを答えてください。

A	I	S	Y	A	D	H	T	R	I	B	E
Y	F	O	R	E	V	E	R	W	L	H	D
D	R	L	A	T	Y	Q	L	D	X	O	M
M	W	A	S	P	R	A	E	O	I	T	I
T	Y	I	R	Z	T	A	D	R	K	A	D
N	H	B	E	O	D	E	E	I	O	Y	N
E	C	G	V	L	P	P	S	A	L	B	I
R	V	O	I	M	O	M	E	N	T	O	G
R	T	N	N	L	A	T	E	J	U	N	H
U	E	P	N	D	I	D	A	T	E	S	T
C	N	R	A	O	D	W	X	I	N	U	K
J	G	W	C	U	W	F	T	E	C	O	F
B	N	T	S	Q	Y	R	U	T	N	E	C

【単語リスト】

anniversary（記念日）
birthday（誕生日）
century（世紀）
contemporary（同時代の、現代の）
current（現在の、流れ）
date（日付、月日）
dawn（夜明け）
deadline（締切、期限）
forever（永遠に）
holiday（休日、祭日）
latest（最近の、最新の）
midnight（真夜中）
moment（瞬間）
now（今、現在）
period（期間、時代）
suddenly（突然、不意に）
twilight（夕方、たそがれ）

【例】
sunset（日没、入り日）

3月号学習パズル当選者

（全正解者53名）

★鈴木駿太郎くん（東京都三鷹市・中２）
★船田　毅くん（神奈川県川崎市・中２）
★天野　海音さん（神奈川県横浜市・中１）

応募方法

●必須記入事項

01　クイズの答え
02　住所
03　氏名（フリガナ）
04　学年
05　年齢
06　右のアンケート解答
「夏目漱石の美術世界展」（詳細は77ページ）の招待券をご希望のかたは、「夏目漱石の美術世界展招待券希望」と明記してください。

◎すべての項目にお答えのうえ、ご応募ください。
◎ハガキ・ＦＡＸ・e-mailのいずれかでご応募ください。
◎正解者のなかから抽選で３名のかたに図書カードをプレゼントいたします。
◎当選者の発表は本誌2013年7月号誌上の予定です。

●下記のアンケートにお答えください。

A今月号でおもしろかった記事とその理由
B今後、特集してほしい企画
C今後、取りあげてほしい高校など
Dその他、本誌をお読みになっての感想

◆2013年5月15日（当日消印有効）

◆あて先
〒101-0047　東京都千代田区内神田2-4-2
グローバル教育出版　サクセス編集室
FAX：03-5939-6014
e-mail:success15@g-ap.com

挑戦!!

芝《しば》浦《うら》工《こう》業《ぎょう》大《だい》学《がく》高等学校

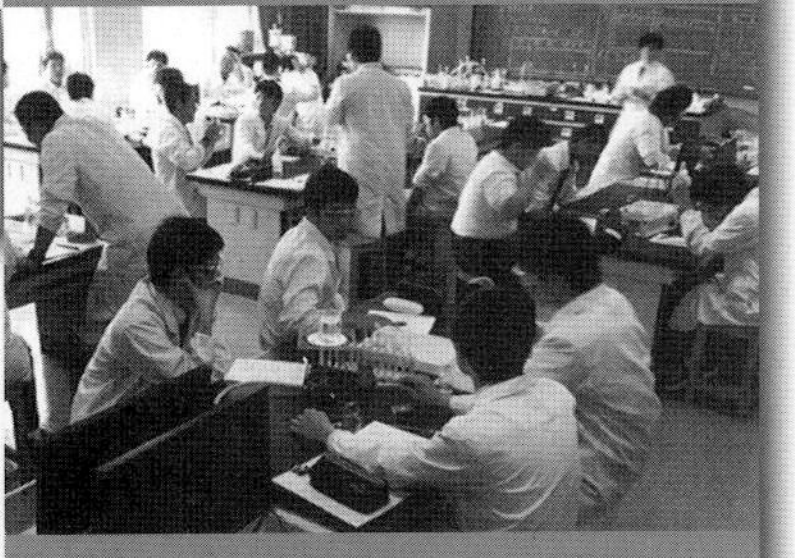

問題

右図のように１辺６cmの立方体ABCD−EFGHがある。点Pは頂点Aから辺上を毎秒２cmの速さでA→E→F→B→Aと進み、Aでとまる。点Qは頂点Gから辺上を毎秒３cmの速さでG→C→D→H→D→C→Gと進み、Gでとまる。P，Qは同時にAとGを出発する。次の各問いに答えなさい。

(1) 線分PQの長さが最小になるときのPQの長さを求めなさい。

(2) ２点P，Qが出発して（３＋t）秒に４点E，P，Q，Hを結んでできる立体の体積を，tを用いて表しなさい。ただし，$0<t<3$とする。

(3) ２点P，Qが出発してから７秒後に，４点E，P，Q，Hを結んでできる立体の体積を求めなさい。

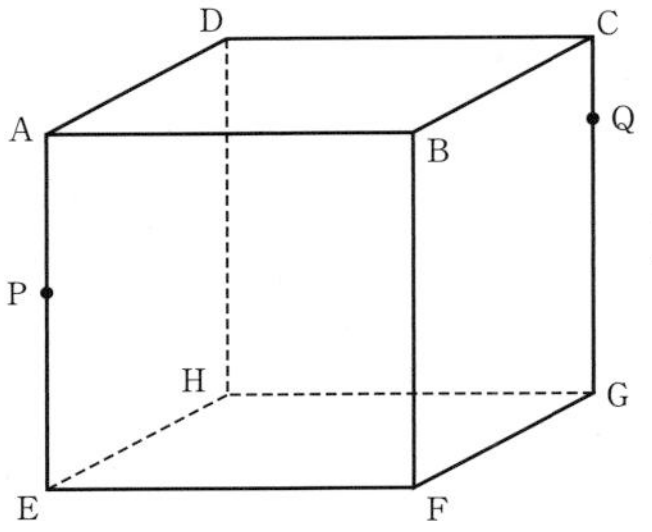

- 東京都板橋区坂下2-2-1
- 都営三田線「志村三丁目」徒歩5分、JR埼京線「浮間舟渡」徒歩15分
- TEL　03-5994-0721
- URL　http://www.ijh.shibaura-it.ac.jp/

解答 (1) 6cm (2) $12t$ (cm³) ($0 \leqq t \leqq 1$)，$-6t^2+18t$ (cm³) ($1<t<3$) (3) 18cm³

東《とう》海《かい》大《だい》学《がく》付《ふ》属《ぞく》望《ぼう》洋《よう》高等学校

問題

図のように，AB＝２，BC＝５の長方形ABCDがあり，辺BC上に点Ｐがある。次の問いに答えなさい。

(1) △ABPと△DCPの面積の比が３:２のとき，辺APの長さを求めなさい。

(2) △APDが∠APD＝90°の直角三角形になったとき，辺BPの長さを求めなさい。ただしBP＞PCとする。

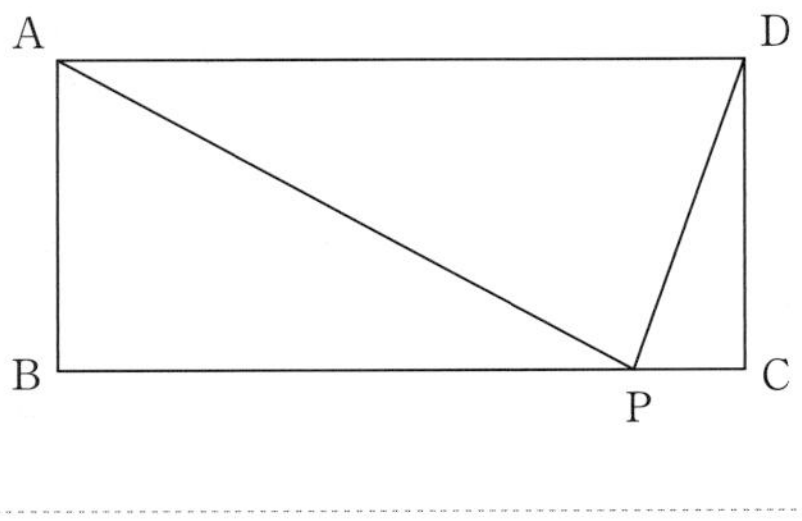

- 千葉県市原市能満1531
- JR内房線「五井」、JR外房線「鎌取」､「茂原」､JR久留里線「東横田」スクールバス
- TEL　0436-74-4721
- URL　http://www.boyo.tokai.ed.jp/

解答 (1) AP＝$\sqrt{13}$　(2) BP＝4

大《だい》東《とう》文《ぶん》化《か》大《だい》学《がく》第《だい》一《いち》高等学校

東京都板橋区高島平1-9-1
都営三田線「西台」駅徒歩10分、東武東上線「東武練馬」スクールバス
TEL　03-5399-7888
URL　http://www.daito.ac.jp/ichiko/newtop/

問題

点A（12, 0）、点B（0, 12）、点C（6, 6）とする。点Pは、点Bから点Oへt秒間に$2t$ずつ進み、点Qは点Oから点Aへt秒間にtずつ進むものとする。ただし、tの範囲は$0 < t < 6$とするとき以下の問いに答えよ。

(1) $t=1$のときの図の斜線部分の面積を求めよ。

(2) 図の斜線部分の面積が16のときのtの値を求めよ。

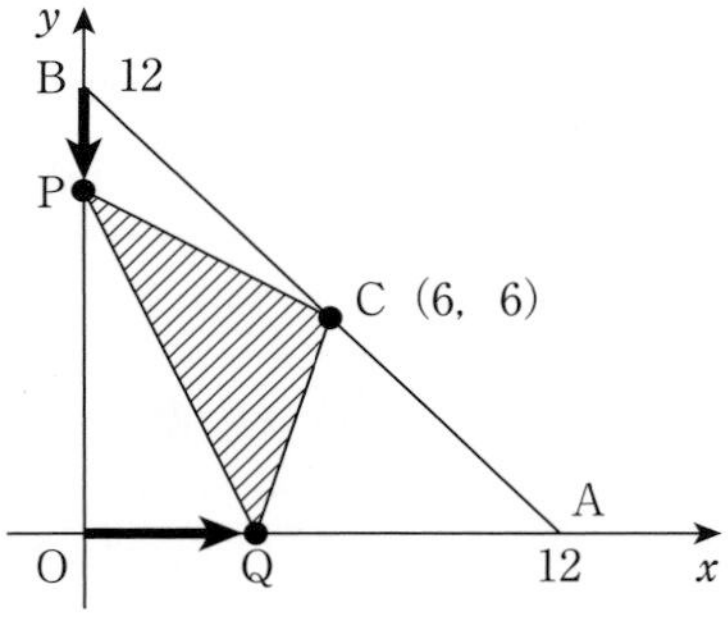

解答　(1) 28　(2) $t=4$、5

江《え》戸《ど》川《がわ》女《じょ》子《し》高等学校

東京都江戸川区東小岩5-22-1
JR総武線「小岩」徒歩10分、京成線「江戸川」徒歩15分
TEL　03-3659-1241
URL　http://www.edojo.jp/

問題

下の図のような，底面の半径が8 cm，母線の長さが12cmの直円すいがある。このとき，次の問いに答えなさい。

(1) 直円すいの体積を求めなさい。

(2) 直円すいに内接する球の半径を求めなさい。

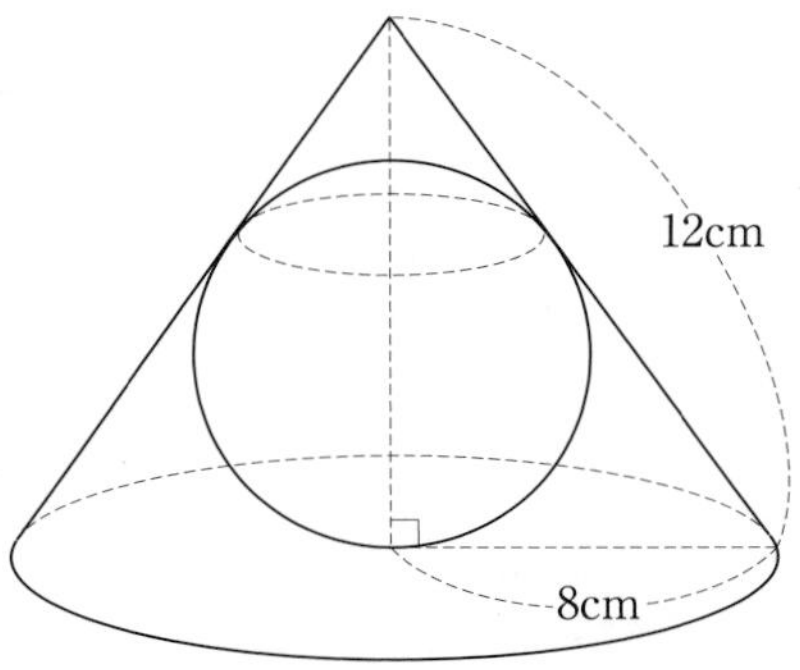

解答　(1) $\frac{256\sqrt{5}}{3}\pi$ (cm³)，(2) $\frac{8\sqrt{5}}{5}$ (cm)

サクセスランキング

Success Ranking

東大合格者ランキング

東大の前期試験合格者ランキング（３月21日時点）を今月号はご紹介しよう。開成が例年通り首位で、灘、筑波大附属駒場が続く展開は相変わらずだが、今年は東京学芸大附属、桜蔭、筑波大附属、都立西などが大きくランクアップしている。

東大（前期）全国

順位	学校名	人数
1	○開成（東京）	162
2	○灘（兵庫）	101
3	◆筑波大附属駒場（東京）	98
4	○麻布（東京）	79
5	◆東京学芸大附属（東京）	64
6	○桜蔭（東京）	62
7	○聖光学院（神奈川）	61
8	○渋谷教育学園幕張（千葉）	59
9	○駒場東邦（東京）	56
10	○栄光学園（神奈川）	51
11	◇県立浦和（埼玉）	44
12	○海城（東京）	39
12	○ラ・サール（鹿児島）	39
14	◆筑波大附属（東京）	35
15	◇都立西（東京）	32
15	◇県立岡崎（愛知）	32
17	○女子学院（東京）	31
18	◇県立旭丘（愛知）	29
18	○西大和学園（奈良）	29
20	○武蔵（東京）	28

東大（前期）首都圏

順位	学校名	人数
1	○開成（東京）	162
2	◆筑波大附属駒場（東京）	98
3	○麻布（東京）	79
4	◆東京学芸大附属（東京）	64
5	○桜蔭（東京）	62
6	○聖光学院（神奈川）	61
7	○渋谷教育学園幕張（千葉）	59
8	○駒場東邦（東京）	56
9	○栄光学園（神奈川）	51
10	◇県立浦和（埼玉）	44
11	○海城（東京）	39
12	◆筑波大附属（東京）	35
13	◇都立西（東京）	32
14	○女子学院（東京）	31
15	○武蔵（東京）	28
16	○浅野（神奈川）	27
17	◇都立日比谷（東京）	26
17	○豊島岡女子学園（東京）	26
18	◇県立千葉（千葉）	25
20	◇土浦第一（茨城）	24

東大（前期）首都圏・現役

順位	学校名	人数
1	○開成（東京）	119
2	◆筑波大附属駒場（東京）	62
3	○桜蔭（東京）	52
4	○麻布（東京）	50
4	○聖光学院（神奈川）	48
6	○渋谷教育学園幕張（千葉）	39
6	○駒場東邦（東京）	39
8	○栄光学園（神奈川）	37
8	◆東京学芸大附属（東京）	32
10	◆筑波大附属（東京）	28
11	○海城（東京）	27
12	○女子学院（東京）	25
13	◇県立浦和（埼玉）	20
14	○浅野（神奈川）	19
15	◇都立西（東京）	17
15	○豊島岡女子学園（東京）	17
17	○暁星（東京）	16
18	○武蔵（東京）	15
19	◇県立千葉（千葉）	13
19	◇土浦第一（茨城）	13

※◆国立、◇公立、○私立

ご提案型の教育旅行会社って？

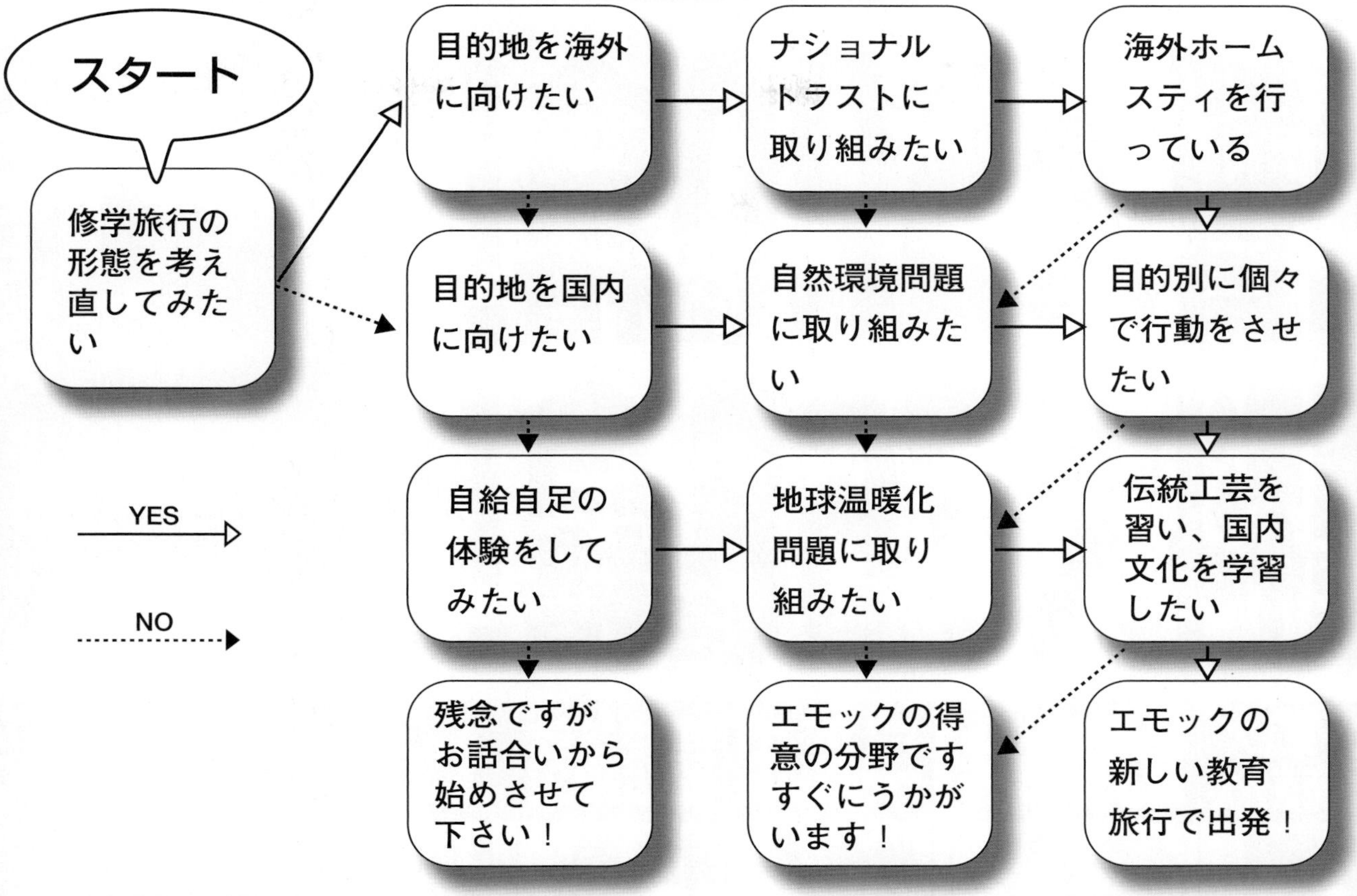

スタート
修学旅行の形態を考え直してみたい
目的地を海外に向けたい
ナショナルトラストに取り組みたい
海外ホームスティを行っている
目的地を国内に向けたい
自然環境問題に取り組みたい
目的別に個々で行動をさせたい
自給自足の体験をしてみたい
地球温暖化問題に取り組みたい
伝統工芸を習い、国内文化を学習したい
YES
NO
残念ですがお話合いから始めさせて下さい！
エモックの得意の分野ですすぐにうかがいます！
エモックの新しい教育旅行で出発！

従来の名所旧跡を訪ねる修学旅行から、最近ではさまざまなテーマを生徒個々または小グループごとにコンセプトメークしひとつの社会貢献の一環として、位置づける学習旅行へと形態移行しつつあります。

小社では国内及び海外の各種特殊業界視察旅行を長年の経験と実績で培い、これらのノウハウを学校教育の現場で取り入れていただき、保護者、先生、生徒と一体化した旅行づくりを行っております。

一例

- ●海、山、川の動物、小動物の生態系研究
- ●春の田植えと秋の収穫体験、自給自足のキャンプ
- ●生ごみ処理、生活廃水、産業廃棄物、地球温暖化などの環境問題研究
- ●ナショナルトラスト（環境保全施設、自然環境、道の駅、ウォーキング）
- ●語学研修（ホームスティ、ドミトリー、チューター付研修）など

[取扱旅行代理店]　**（株）エモック・エンタープライズ**

担当：山本／半田

国土交通大臣登録旅行業第1144号
東京都港区西新橋1-19-3　第２双葉ビル２階
E-mail:amok-enterprise@amok.co.jp

日本旅行業協会正会員（JATA）
☎ 03-3507-9777（代）
URL:http://www.amok.co.jp/

早稲田アカデミー

現役生難関大受験専門塾サクセスエイティーン

SUCCESS18

上智大520名合格!

理科大768名合格!

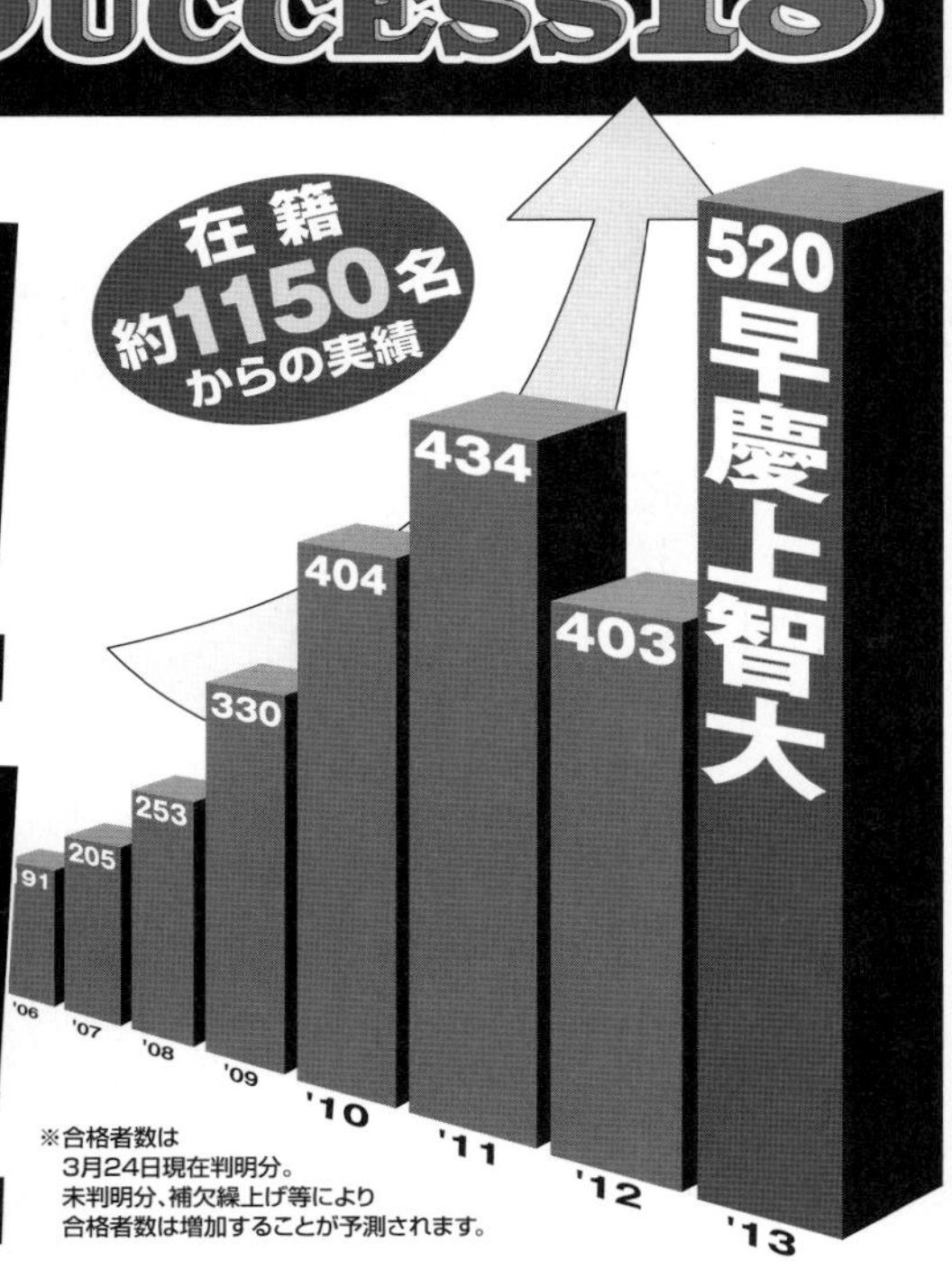

※合格者数は
3月24日現在判明分。
未判明分、補欠繰上げ等により
合格者数は増加することが予測されます。

京都大・東工大 一橋大・東京外大	難関国立大	早稲田	慶應義塾	上智
35名合格	60名合格	234名合格	122名合格	164名合格

明治	青山	立教
161名合格	84名合格	136名合格

中央	学習院	法政	理科大
115名合格	45名合格	110名合格	117名合格

東大・早慶上智大・GMARCH理科大等、難関大学に今年もたくさんの生徒が合格しました。塾生一人ひとりの努力と早稲田アカデミーの一人ひとりを大切にする「塾」としての指導方法が、第一志望校の合格へと結実しました。早稲田アカデミーは、成績を伸ばし、夢の第一志望校現役合格へと導きます。

早稲田アカデミーなら憧れの東大、早慶上智大、人気のGMARCH理科大に、大きく伸びて現役合格できる

1人でもない、大人数に埋もれない、映像でもない「少人数ライブ授業」

生徒と講師が互いにコミュニケーションを取りながら進んでいく、対話型・参加型の少人数でのライブ授業を早稲田アカデミーは大切にしています。講師が一方的に講義を進めるのではなく、講師から質問を投げかけ、皆さんからの応えを受けて、さらに理解を深め、思考力を高めていきます。この生徒と講師が一体となって作り上げる高い学習効果は大教室で行われる授業や映像授業では得られないものです。

授業で終わらない。皆さんの家庭学習の指導も行い、第一志望校現役合格へ導きます

学力を高めるのは授業だけではありません。授業と同じくらい大切なのが、日々の家庭学習や各教科の学習法。効率的に授業の復習ができる家庭学習教材、必ず次回授業で実施される課題のフィードバック。面談で行われる個別の学習方法アドバイス。一人ひとりに最適なプランを提案します。

同じ目標を持つ友人との競争と熱意あふれる講師たち。無限大の伸びを作る環境がある

早稲田アカデミーは、志望校にあわせた学力別クラス編成。同じ目標を持つ友人と競い合い、励ましあいながら、ひとつのチームとして第一志望校合格への道を進んでいきます。少人数ならではでいつでも講師に質問ができ、講師は生徒一人ひとりに直接アドバイスをします。学習空間がもたらす二つの刺激が、大きな学力の伸びをもたらします。

偏差値40〜50台から憧れの早慶上智大へ現役合格できる

サクセス18の早慶上智大合格者の内、実に半数以上が高1の時の偏差値が40〜50台だったのです。こうした生徒達は皆サクセス18で大きく学力を伸ばし、第一志望大学現役合格の夢を実現させたのです。次は皆さんの番です。サクセス18スタッフが皆さんの夢の実現をお手伝いします。

高1からの在籍で偏差値65以上の
早慶上智大 合格者の**55%**は
高校1年生のときには
偏差値**40〜50**台だった。

2012年大学入試早慶上智大合格者の高1生シニアテスト(英・数・国)偏差値より

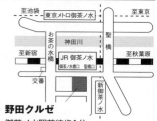

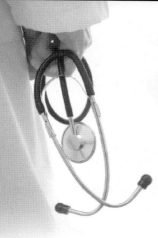

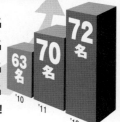

お便りコーナー

サクセス広場

パンとごはんどっちが好き?

断然**ごはん**でしょう。朝食がパンだと10時半にはお腹がへるけど、お米だと大丈夫。おいしいし、腹持ちもするなんてすばらしい！
（中２・ハラヘリヘリハラさん）

100％**パン**です！　私はバターが好きなので、焼いたパンにバターをたっぷりつけて食べるのがたまりません。朝食のパンが楽しみだから、眠い朝でも起きることができます。
（中１・うめっこさん）

「ごはんですよ」という商品はあるけど、「パンですよ」という商品はないですよね。やっぱり**ごはん**ですよ！
（中１・畝尾さん）

パンです。いろいろな味とか食感とか、なんやらかんやらあっていいですよね！
（中３・フライパンさん）

パンの方がよく食べます。パン屋さんへ行って、焼きたてのパンがあるときは絶対に買います。焼きたてのふわふわで甘い食感は、私のこのうえない幸せです。
（中３・ピクルスさん）

日本人なら絶対**ごはん**でしょ！　パンで焼き肉が食べられますか？　パンですき焼きが食べられますか？　ね、ごはんですよね。
（中３・悟空の子どもはご飯さん）

感動の友情エピソード

私が元気がなかったとき、友だちが近くの**プラネタリウム**に連れていってくれました。いっしょに見ながら、友だちの優しさに感動して、こっそり泣きました。
（中３　あまちゃんさん）

この前、お弁当のおかずをひっくり返して呆然としていたぼくに、クラスのみんながビックリするほどたくさん**おかず**をくれました。
（中３・コロ助さん）

いつも成績を競争している友だちがいます。あの子がいるから**私も頑張れる**し、できたらいっしょの高校に行きたいです。
（中３・yoshikoさん）

サッカー部の公式戦で、得点した友人が、ケガをして出場できなかったぼくの方に走ってきてユニフォームをめくると、そこには**ぼくのユニフォーム**が。いつの間にかなくなっていて、密かに焦っていたけど、こんなサプライズがあったとは…。
（中２・SGGKさん）

私立中に進学した友だちと**部活の試合で対戦**しました。試合は負けたけど、なんか嬉しかったです。
（中２・桜道花道さん）

無人島に持っていきたいもの

どこでもドア。イヤになったら帰ることができるから！
（中１・ここにもドアさん）

絶対折れない**釣竿**があれば、とりあえず生きていけるっしょ！
（中２・釣りバカ二郎さん）

お気に入りの本。無人島でさみしくなったときは、自分の１番お気に入りのページを開けば、きっと勇気が湧いてくると思います。
（中２　ぼんちゃんさん）

携帯電話。これがあったら、もし迷ってもだれかが助けに来てくれるから。
（中1・kodomoさん）

小学校のときにボーイスカウトに入っていたので、**ライターとナイフ**があれば、ぼくはどうにか生きていけます！
（中１・イワナさん）

募集中のテーマ

「憧れの職業」

「こんな習い事やってます!」

「雨の日の過ごし方」

応募〆切 2013年5月15日

必須記入事項

A／テーマ、その理由　B／住所　C／氏名
D／学年　E／ご意見、ご感想など

ハガキ、FAX、メールを下記までどしどしお寄せください!
住所・氏名は正しく書いてください!!
ペンネームは氏名のうしろに(　)で書いてネ!
【例】サク山太郎(サクちゃん)

あて先

〒101-0047　東京都千代田区内神田2-4-2
グローバル教育出版　サクセス編集室
FAX:03-5939-6014　e-mail:success15@g-ap.com

ここにメールしてね!!

success15

ケータイから上のQRコードを読み取り、メールすることもできます。

掲載されたかたには
抽選で図書カードをお届けします!

掲載にあたり一部文章を整理することもございます。個人情報については、図書カードのお届けにのみ使用し、その他の目的では使用いたしません。

アート　北斎と暁斎 −奇想の漫画

4月27日(土)～6月26日(水)
太田記念美術館

河鍋暁斎『暁斎漫画』(太田記念美術館蔵)

2人の天才絵師による ユーモラスな漫画の競演

「冨嶽三十六景」だけではなく、ユーモラスな動きで踊る人々や、妖怪・幽霊などこの世の森羅万象を描き出した「北斎漫画」は葛飾北斎の代表作でもある。その北斎の絵本の特色を最も色濃く継承したのが河鍋暁斎《かわなべきょうさい》。この展覧会では、これまであまり比較して語られることが少なかった北斎と暁斎という２人の天才絵師に注目し、現代のマンガへとつながるユーモアとパワーに溢れた奇抜な発想力を紹介する。

アート　LOVE展 アートにみる愛のかたち

4月26日(金)～9月1日(日)
森美術館

ジェフ・クーンズ《聖なるハート》1994-2007年 ピンチュック・アートセンター蔵、キエフ Photo: Sergey Illin

さまざまなアートで 感じる「愛」の形

人間にとってかけがえのないものである「愛」をテーマに森美術館の10周年を記念して開かれるこの展覧会。シャガールなどの美術史に残る名作から、初音ミクなどの現代作品にいたるまで約200点の作品をとおして愛の形を探っていく。恋愛、家族愛、人類愛など、ときと場面によっていろいろな形を見せる愛。さまざまに表現されたアートをつうじてそんな「愛」を感じてみよう。

アート　創作折り紙 吉澤章作品展

3月16日(土)～5月26日(日)
紙の博物館

ゴリラの親子(写真：朝日新聞社)

世界に「ORIGAMI」を広め 独創的な折り紙の数々

折り紙を独創的な芸術の域にまで高め、「ORIGAMI」という共通語として世界に広めた吉澤章。その折り紙は、従来の画一的な折り紙にはない、新しい理論と技法により、躍動感と生命感にあふれ、世界中の人々に大きな影響と多くの感動を与えた。この展覧会では、94年の生涯を折り紙に捧げた吉澤の多数の作品が展示される。「神宿る手」によって生み出された創作折り紙の世界をぜひ見てみよう。

サクセス イベント スケジュール

4月～5月

世間で注目のイベントを紹介

柏餅

端午の節句に柏餅を食べるようになったのは江戸時代・９代将軍・家重～10代将軍・家治のころ。東日本の文化が参勤交代で全国に広まったと言われている。関西以西では、ちまきを食べることが多い。ちなみに葉っぱは食べない。

アート　夏目漱石の美術世界展

5月14日(火)～7月7日(日)
東京藝術大学大学美術館

夏目漱石　肖像写真

夏目漱石が見てきた 美術の数々をこの目で

「我輩ハ猫デアル」や「坊っちゃん」などで知られる夏目漱石。漱石は日本美術やイギリス美術に造詣が深く、文学作品のなかにも美術作品や画家の名前がしばしば登場する。そんな漱石が当時見ていた古今東西の画家たちの作品を可能な限り集めたのがこの展覧会だ。この展覧会を見てから漱石の作品を読むか、読んでから見るか、どちらであっても、漱石をより深く味わうことができるだろう。

お祭り　両国にぎわい祭

4月27日(土)・28日(日)
国技館通り、回向院、国技館、江戸東京博物館

お祭りで改めて知る 両国のよさ

地元両国の商店会・町会や企業が実行委員会を結成し、墨田区後援のもと行われる「第11回両国にぎわい祭り」は「わがまち再発見！」をスローガンに、両国という土地柄を活かした楽しいお祭りだ。国技館通りをメイン会場に、さまざまなちゃんこが競演する「ちゃんこミュージアム」や物販コーナー、墨田区太鼓連盟による太鼓揃い打ちなど、楽しい催しが目白押しとなっている。

イベント　アースデイ東京2013

4月20(土)・21日(日)
代々木公園ほか

Earth Day Tokyo 2013

身近なことから 地球のことを考える２日間

1970年、アメリカのG・ネルソン上院議員が4月22日を「地球の日」であると宣言したことからアースデイが誕生した。これをきっかけに、地球の環境問題に目を向けようという活動が始まった。今年で13回目を迎えるアースデイ東京は、さまざまな活動を行っているNPOやNGOなどのブースや、フードエリア、アーティストのステージなど、楽しみながら地球環境を考えることができるイベントだ。

2013
4月号

早大生、慶大生に聞いた
早稲田大学・慶應義塾大学
学校クイズ
SCHOOL EXPRESS
東邦大学付属東邦
Focus on
千葉市立千葉

2013
3月号

みんなの視野が広がる！
海外修学旅行特集
部屋を片づけ、頭もスッキリ
SCHOOL EXPRESS
早稲田実業学校
Focus on
東京都立日比谷

2013
2月号

これで安心
受験直前マニュアル
知っておきたい2013こんな年！
SCHOOL EXPRESS
城北埼玉
Focus on
神奈川県立横浜緑ヶ丘

2013
1月号

冬休みにやろう！
過去問活用術
お守りに関する深イイ話
SCHOOL EXPRESS
中央大学
Focus on
埼玉県立越谷北

2012
12月号

大学キャンパスツアー特集
憧れの大学を見に行こう！
高校生になったら留学しよう
SCHOOL EXPRESS
筑波大学附属駒場
Focus on
東京都立青山

2012
11月号

効果的に憶えるための
9つのアドバイス
特色ある学校行事
SCHOOL EXPRESS
成城
Focus on
神奈川県立柏陽

2012
10月号

専門学科で深く学ぼう
数学オリンピックに挑戦!!
SCHOOL EXPRESS
日本大学第二
Focus on
東京都立両国

2012
9月号

まだ間に合うぞ!!
本気の2学期!!
都県別運動部強豪校!!
SCHOOL EXPRESS
巣鴨
Focus on
千葉県立佐倉

2012
8月号

夏にまとめて理科と社会
入試によく出る
著者別読書案内
SCHOOL EXPRESS
國學院大學久我山
Focus on
東京都立西

2012
7月号

高校入試の疑問点15
熱いぜ！　体育祭！
SCHOOL EXPRESS
開智
Focus on
神奈川県立湘南

2012
6月号

難関校・公立校の
入試問題分析2012
やる気がUPする文房具
SCHOOL EXPRESS
専修大学松戸
Focus on
埼玉県立川越

2012
5月号

先輩に聞く
難関校合格のヒミツ!!
「学校クイズ」に挑戦!!
SCHOOL EXPRESS
筑波大学附属
Focus on
東京都立小山台

2012
4月号

私立の雄 慶應を知ろう！
四字熟語・ことわざ・
故事成語
SCHOOL EXPRESS
本郷
Focus on
千葉県立千葉東

2012
3月号

いざっ！ 都の西北早稲田へ
勉強が楽しくなる雑学
【理科編】
SCHOOL EXPRESS
豊島岡女子学園
Focus on
東京都立三田

2012
2月号

入試直前対策特集
受験生に贈る名言集
SCHOOL EXPRESS
春日部共栄
Focus on
千葉市立稲毛

2012
1月号

中3生向け冬休みの勉強法
東大生に聞く
入試直前の過ごし方
SCHOOL EXPRESS
法政大学
Focus on
神奈川県立多摩

2011
12月号

よくわかる推薦入試
見て触って学べる
施設特集！
SCHOOL EXPRESS
中央大学横浜山手
Focus on
埼玉県立大宮

これより前のバックナンバーはホームページでご覧いただけます（http://success.waseda-ac.net/）

Success15 fifteen

Back Number

サクセス15
バックナンバー
好評発売中!

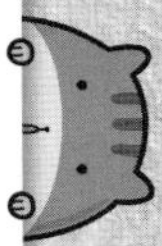

How to order バックナンバーのお求めは

バックナンバーのご注文は電話・FAX・ホームページにてお受けしております。詳しくは80ページの「information」をご覧ください。

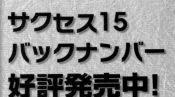

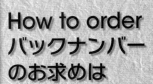

＜コーナー名＞

＜本文中記事＞

編集後記

新学期が始まり１週間以上が経ちましたが、新しい環境には慣れたでしょうか？　１年生は、初めて経験することばかりで戸惑っていることも多いかもしれませんね。これからの中学生活を楽しくするのは自分次第です。いろいろなことにチャレンジしてみてください。２年生は学校生活の中心になっていく存在です。このまま気を抜かず、部活に勉強に頑張ってください。そして３年生は受験の年ですね。いろいろと不安なこともあるでしょう。この春、志望校への合格を勝ち取った先輩たちもさまざまな不安がありましたが、それに打ち勝って合格を獲得したのです。今回の特集に登場した先輩たちの体験談はきっとみなさんのお役に立つことと思います。　　（Y）

Information

『サクセス15』は全国の書店にてお買い求めいただけますが、万が一、書店店頭に見当たらない場合は、書店にてご注文いただくか、弊社販売部、もしくはホームページ（下記）よりご注文ください。送料弊社負担にてお送りします。

定期購読をご希望いただく場合も、上記と同様の方法でご連絡ください。

Opinion, Impression & etc

本誌をお読みになられてのご感想・ご意見・ご提言などがありましたら、ぜひ当編集室までお声をお寄せください。また、「こんな記事が読みたい」というご要望や、「こういうときはどうしたらいいの」といったご質問などもお待ちしております。今後の参考にさせていただきますので、よろしくお願いいたします。

サクセス編集室
TEL 03-5939-7928
FAX 03-5939-6014

高校受験ガイドブック2013 5 サクセス15

発行　2013年4月15日　初版第一刷発行
発行所　株式会社グローバル教育出版
〒101-0047 東京都千代田区内神田2-4-2
TEL　03-3253-5944
FAX　03-3253-5945
http://success.waseda-ac.net
e-mail　success15@g-ap.com
郵便振替　00130-3-779535
編集　サクセス編集室
編集協力　株式会社 早稲田アカデミー

Success15

5月号

Next Issue

6月号は…

Special 1

入試に出た記述問題

Special 2

図書館を利用しよう!

School Express

青山学院高等部

Focus on

東京都立国立高等学校

【お詫び】
2013年4月号P14に掲載した早稲田大学高等学院と早稲田大学本庄高等学院の写真は旧校舎のものでした。この場を借りてお詫びいたします。